젠슨 황, 게임의 룰

엔비디아가 바꿔버린 AI 시대의 성공 원칙

NVIDIA

장상용 지음

해냄

지금 세계에서 가장 뜨거운 기업, 엔비디아

하버드대학 경제학 교수이자 이코노미스트인 로런스 서머스 Lawrence Summers는 AI를 '거대한 새로운 기술'이라고 칭한다. 우리가 발 딛고 선 현대는 '불, 수레바퀴에 이은 인류 최고의 발명품'이라는 찬사가 따라붙는 AI가 삶에 깊숙이 파고드는 시대다. 개인의 의지와 상관없이, 4차 산업혁명이 진행되며 AI와 무관하게 살아가는 것은 거의 불가능해졌다.

엔비디아 Nvidia. 기계가 지능화되는 AI 시대에 독보적으로 떠오른 이름이다. '질투'라는 뜻의 라틴어 '인비디아 Invidia'에 'Next Version'의 첫 글자를 결합한 낯선 네 글자가 이 시대를 지배하게 될 줄 누가 알았을까? 1993년 창업한 엔비디아는 그래픽처리장치 GPU를 앞세워 2023년 시총 1조 달러 기업이 되더니, 그로부터 불과 약 1년 만에

젠슨 황, 게임의 룰

시총 3조 달러를 돌파하며 마이크로소프트^MS, 애플^Apple을 제치고 세계 시총 1위 기업에 등극했다.

　세계 주식 시장의 이목은 엔비디아의 주가에 쏠리고 있고 각국의 투자금이 엔비디아에 빨려들고 있다고 해도 과언이 아니다. 엔비디아 주가가 본격적으로 날아오르기 시작한 시점은 2017년 무렵이다. 문장 속 단어와 같은 순차 데이터 내의 관계를 추적해 맥락과 의미를 학습하는 신경망 '트랜스포머^transformer' 모델이 구글의 2017년 6월 논문 「주의가 전부다^Attention is all you need」에 처음 등장하고, 엔비디아가 '트랜스포머 AI'라 불리는 머신러닝계의 혁신을 채택해 AI 컴퓨팅을 가속화한 시점이다.[1]

　이를 바탕으로 지난 5년 동안 주가가 3,000퍼센트 이상 폭등하면서 엔비디아 주식이 없는 이들 사이에 '포모^FOMO, 소외의 두려움 현상'마저 발생하고 있다. "지금 엔비디아를 사도 될까?" 주식 투자자 사이에서 흔히 주고받는 말이다. AI 시대를 주도하는 엔비디아 주식을 갖고 싶어 하면서도 이미 많이 오른 가격에 주저하는 것이다. 하지만 미래 가치에 비하면 지금의 엔비디아 주가는 저렴하다고 평가하는 전문가들도 적지 않다.

　이러한 시세 관심과 별개로, 엔비디아 주식은 '시대정신 주식^zeitgeist stock', 즉 시대를 대표하는 주식으로 불린다. 올스프링글로벌투자^Alspring Global Investments의 포트폴리오 매니저인 마이크 스미스^Mike Smith는 "1년에 네 번 발표하는 엔비디아 실적은 네 번의 슈퍼볼과 같다"[2]라고 이야기한다.

엔비디아호의 키를 쥔 CEO, 젠슨 황

엔비디아라는 기업의 미래에 대한 궁금증은 점점 커진다. 회의론자들의 지적대로, 과연 엔비디아는 1990년대 중반부터 2000년대 초 인터넷 혁명기에 발생한 '닷컴버블'의 핵심 기업이었던 통신장비 업체 시스코Cisco처럼 추락의 길을 걷게 될 것인가?

이 질문에 대한 결정적 힌트는 바로 엔비디아의 최고경영자CEO 젠슨 황黃仁勳에게서 찾아야 할 것이다. 기업 흥망성쇠의 키는 CEO가 쥐고 있는 법 아니겠는가. 특히나 젠슨 황은 1993년 창업부터 지금까지 회사와 한 몸이 되어 엔비디아를 키운 주인공이다.

사실 젠슨 황은 대중에게 잘 알려진 인물은 아니었다. 인터넷 혁명을 이끈 마이크로소프트의 빌 게이츠Bill Gates, 모바일 혁명을 주도한 애플의 스티브 잡스Steve Jobs에 비하면 이름값은 미미했다.

그가 주목받은 때는 2010년대 초였다. 잡스의 후계자로 거론되기 시작한 것이다. 당시 미국의 한 IT 매체는 '다음 잡스는 엔비디아 CEO? Could Nvidia's CEO Be the Next Steve Jobs?'라는 제목의 기사를 게재했다.[3] 그로부터 불과 10여 년 만에 전 세계는 젠슨 황의 말 한마디에 들썩거린다. 한국 대표 반도체 기업인 SK하이닉스와 삼성전자도 엔비디아의 공급망에 포함되지 못하면 경쟁력을 잃기에 그의 말과 행동에 촉각을 곤두세운다. 그가 빌 게이츠와 스티브 잡스의 계보를 잇는 'AI 대부'로 떠오른 것은 우연이 아니다. 그는 남다른 통찰력과 긴 호흡으로 AI 시대의 도래를 준비한 경영자였다.

실리콘밸리의 스타로 부상한 젠슨 황의 인기는 단지 성공한 빅테크의 경영자 위상을 넘어선다. 메타 CEO 마크 저커버그$^{Mark\ Zuckerberg}$가 "그는 IT 쪽에서는 테일러 스위프트 같은 인물이다"라고 했고, 스트라이프^{Stripe}의 CEO 패트릭 콜리슨$^{Patrick\ Collison}$은 그를 "반도체 기판에 대한 열정으로 환생한 나폴레옹이다. 친절함, 강렬함, 야망, 끈질긴 결단력을 모두 갖춘 특별한 사람이다"라고 극찬한다.

미국 젊은이들이 가장 취업하고 싶은 기업이 엔비디아이며, 이 회사 직원들은 자부심의 표현으로 자신을 '엔비디안^{Nvidian}'이라고 부른다. 업계 평균 이직률이 17.7퍼센트인 데 비해 엔비디아의 이직률은 2.7퍼센트에 불과하다. 주 7일 근무에 새벽 2시까지 일하는 경우도 다반사이나, 엄청난 금전적 보상이 뒤따르기 때문이다. 《포천^{Fortune}》은 "황금 수갑이 그들을 회사에 꽉 묶어놓고 있다"[4]라고 했다.

1년 365일 검은 가죽 재킷을 입고 다니는 젠슨 황은 미국 캘리포니아주 샌타클래라에 자리한 이 회사 직원들 사이에서 선망의 대상이다. 그는 엔비디아뿐만 아니라, 전 세계 직장인들이 함께 일하고 싶어 하는 보스다. 익명 직장인 커뮤니티인 블라인드의 투표 결과는 직장인들의 속마음을 여과 없이 보여준다. 그들은 최고 경영자 중 엔비디아의 젠슨 황을 96퍼센트의 지지율로 가장 선호했다.

젠슨 황이 나타나는 모든 곳에 수많은 인파가 몰리는 현상은 이제 놀랍지도 않다. 그의 모국인 대만에서는 젠슨 황이 만지는 것은 무엇이나 값비싸진다며 그를 미다스에 비유한다. 빌 게이츠, 스티브 잡스, 일론 머스크$^{Elon\ Musk}$, 마크 저커버그, 제프 베조스$^{Jeff\ Bezos}$ 등 빅테크의 여러 거물들이 유명세를 떨쳤지만, 가는 곳마다 엄청난 인파로 콘서트장 분위기를 연출하며 록스타 대접을 받았던 이는 젠슨 황 말곤 없다. 그는 단순히 기업가, 직장인만 만나고 싶어 하는 인물이 아니다. 그에게는 기존의 성공한 빅테크 CEO들과는 다른 특별한 매력이 있다. 결국 그의 이름에 '열광'이라는 뜻의 영단어 'insanity'를 결합시킨 '젠새너티Jensanity'라는 신조어까지 등장했다.

엔비디아의 가장 큰 리스크는 다른 경쟁 기업이 아니라, 젠슨 황을 대체할 후계자가 없다는 점이라는 평가까지 나온다. CNBC 〈매드 머니Mad Money〉의 진행자 짐 크레이머Jim Joseph Cramer는 "어떤 기업이 당장 젠슨 황과 엔비디아의 상대가 될 수 있단 말인가? 아무도 없다"라며 젠슨 황이 이끄는 엔비디아가 마이크로소프트와 애플을 넘어서는 최고 기업이라고 극찬했다.

엔비디아의 미래에 조금이라도 의심스러운 면이 있다면 이러한 평가가 나올 리 없다. AI가 허상이라면 모를까, 실체(실적)가 있는 것으로 우리의 미래를 선도한다고 전제한다면, 그 중심에 반드시 엔비디아와 젠슨 황이 있다고 믿는 것이다. 'AI 골드러시 시대의 곡괭이와 삽을 파는 기업'으로 불리는 엔비디아의 반도체 칩 없이는 AI 기술을 개발할 수 없는 실정이 됐다. 그런 이유로 구글이나 아마존 등 대규모 데이터센터를 운용하는 하이퍼스케일러들이 너도나도 엔비디아 GPU를 사려고 줄 서기에 바쁜 것이다. 올해 9월에도 오라클Oracle CEO 래리 엘리슨Larry Elison과 테슬라Tesla CEO 일론 머스크가 젠슨 황을 저녁 식사에 초대해 엔비디아 최신 GPU를 공급해 달라고 통사정했다는 소식이 들렸다.[5]

웨드부시증권Wedbush Securities의 선임 주식 애널리스트인 댄 아이브스Dan Ives는 "야구로 치면 1회 말쯤 된다"라며 AI가 아직도 초기 단계에 불과하다고 말한다. 더 좋은 성능의 AI 모델을 구축하려면 더 빠른 컴퓨팅 가속과 더 많은 데이터 등이 필요하다는 '스케일링 법칙Scaling Laws'에 따라 빅테크들의 데이터센터 확장이 본격화되고 있다. 그럴수록 더 큰 수요를 창출하는 것이 엔비디아의 칩이다.

웨드부시증권의 애널리스트들은 "4차 산업혁명이 빠르게 진행되면서 더 많은 기업과 소비자가 이 길을 걷고 있기 때문에 엔비디아의 GPU 칩은 본질적으로 기술 분야의 새로운 금 또는 석유다"라면서 "모든 생성형 AI 어플리케이션이 엔비디아의 GPU에 의존하고 있다. 데이터센터 AI 관련 지출에서 엔비디아의 지배력은 이 회사를 AI 혁명의 핵심 플레이어로 만들고 있다"라고 분석한다.

또한 AI를 구축한 국가의 역량을 뜻하는 소버린 AISovereign AI 이슈와 함께 전 세계 정부와 기관, 인프라 등으로 새로운 시장이 열렸다. 엔비디아라는 반도체 AI 기업이 어디까지 성장할지 지금으로선 가늠하기 어렵다.

리더 젠슨 황을 이해하는 데 필요한 키워드

엔비디아를 AI 유니버스의 한가운데에 자리하도록 만들겠다는 큰 꿈을 오래전부터 구상한 설계자가 바로 젠슨 황이다. 학교에서 노골적으로 '왕따'를 당하는 등 미국 아시아계 이민자들의 애환을 몸소 겪으며 자란 그는 우리로 치면 '흙수저 CEO'로 불릴 만한 인물이다.

　이 책은 그의 말에서 시작한다. 젠슨 황이 실제 했던 말 44개를 어록으로 뽑고, 직접 번역했다. 각 절의 이야기는 그의 말을 통해 배울 수 있는 리더십 및 통찰을 다루고 있기에, 중간에 그 이야기의 핵심이 되는 어록이 하나씩 등장한다. 그의 생각을 왜곡하지 않기 위해 원문을 같이 수록했다. 젠슨 황이 지금의 엔비디아를 빚어내기까지 시켜온 신념과 태도를 배울 수 있을 것이다. 특히 강조하고자 하는 말은 별도의 페이지에 한 번 더 실었다.

　1장에서는 지금의 젠슨 황을 만든 고난을 살펴본다. 특히 그는 실패를 강조하는데, 이는 그가 인생 초년에 겪은 경험에 기반한 것이다. 백인도 아니고, 부자 부모에게 물려받은 유산도 없었으며, 어린 시절 고급 교육을 받지도 못한 젠슨 황은 이른바 'M7Magnificent 7'의 CEO들과 현저히 다른 삶의 궤적, 기업 경영 방식으로 엔비디아라는 위대한 기술 기업을 일궈냈다. 이러한 성장 배경을 이해하는 일은 젠슨 황이라는 인물과 그가 일군 기업을 이해하는 데 필수적인 단계다.

　이 책의 핵심을 담은 2장은 엔비디아는 어떤 점이 특별한지, 이 조직의 위대함은 어디서 비롯되는지 집중 조명한다. 젠슨 황은 수많은 실패를 겪으며 도전 정신을 기르고, 이를 '실패의 미학'으로 승화하며, 실패를 받아들이는 '지적 정직성'이라는 기업 윤리를 정립했다. 그 모습을 따라 읽다 보면 3만 명이 넘는 엔비디아의 구성원이 젠슨 황의 경영 철학에 따라 여전히 스타트업처럼 일사분란하게 움직이는 모습이 눈앞에 생생하게 그려질 것이다.

한편 스타트업 시절 엔비디아가 힘센 경쟁사들 틈바구니에서 시장 퇴출의 공포, 두려움과 싸우며 생존을 지켜낸 과정은 녹록지 않았다. 이를 극복해 낸 젠슨 황의 자세와 마음은 3장에 담겨 있다.

4장은 외유내강형으로 보이는 젠슨 황의 감성을 다룬다. 따뜻함과 냉정함을 조율하며 인간적 매력을 발휘하는 면모는 젠슨 황만의 특징이자 엔비디아라는 초격차 기업의 숨겨진 성공 비결이기도 하다.

5장에서는 젠슨 황이 '기존에 없는 시장을 창출하라'라는 모토로 30년 동안 꿈꿔온 가속 컴퓨팅과 딥러닝의 비전, 초지일관한 플랫폼 전략이 AI 시대를 맞아 어떤 결실을 맺었는지 다룬다.

반도체를 바탕으로 자율주행, 로봇, 바이오까지 선도하는 엔비디아는 AI 시대의 과거이자 현재이며 미래다. 젠슨 황 경영철학의 정수를 담은 이 책이 AI 생태계를 담아낸 필독서 겸 새로운 리더십의 기준을 제시하는 책이 되기를 바란다.

끝으로 이런 질문을 던져본다. "우리에겐 왜 젠슨 황 같은 리더가 없는가?"라는 아쉬움이 남는 대목이다. 그러나 이 땅 어딘가에 젠슨 황을 넘어설 인재가 언젠가 등장하리라 기대하며 아쉬움을 달래본다.

2024년 10월
남한산성 서문 자락에서
장상용

차례

4장 휴머니티 리더십
"나의 희망과 꿈을 믿는 이들과 함께한다"

5장 초격차
"AI 열차에 탑승하라"

1장

스타트업 정신

"우리는
망하기 30일 전이다"

창업 3년 만에 맞은 폐업 위기

시장에서 완전히 외면당한 NV1 칩셋

오늘날 최고 반열에 오른 빅테크 기업 엔비디아의 위상을 감안하면 과연 그런 순간이 있었을까 싶지만, 젠슨 황은 자신의 실수 때문에 폐업 일보 직전에 몰렸던 순간을 지금도 잊지 못한다.

그때 그는 곧바로 자신의 실수를 인정하고, 그 실수를 바로잡을 수 있도록 도움을 요청하는 '정공법'으로 난관을 극복했다. 결코 쉽지 않은 일이었다. 등골 서늘한 경험이었지만, 그 두 가지를 과감히 단행한 덕에 젠슨 황은 인생 최대 위기에서 겨우 벗어났다.

당시 상황은 이러했다. 1996년 창업 3년 차를 맞은 엔비디아도 여느 스타트업들처럼 심각한 자금난에 시달리고 있었다. 당시 엔비디아는 일본 게임 기업 세가^{SEGA}의 차세대 콘솔용 그래픽 및 사운드

칩, 즉 'NV2'를 개발하고 있었고, 세가는 사운드와 그래픽을 칩 하나로 해결할 수 있으면 비용을 줄일 수 있으리라 기대하여 엔비디아에 투자했다.

그런데 그때 마이크로소프트가 개발한 '다이렉트X 소프트웨어 인터스페이스'라는 게임 플랫폼이 게임 업계의 표준으로 자리 잡았다. 이를 본 젠슨 황은 자신들의 사업 방향이 잘못되었음을 직감했다. 그는 "칩 개발을 시작한 지 1년 만에 잘못된 전략임을 깨달았다. 저비용 게임칩은 기술적으로 조악했다"라며 당시를 회상한다.

"나는 엔비디아에서 큰 실패를 경험했다."

"At Nvidia, I [have] experienced failures—great big ones."[1]

스타트업이었던 엔비디아의 실수는 사실 이번이 처음이 아니었다. 1995년 5월 엔비디아가 최초로 출시한 야심작 'NV1' 칩셋이 기대와 달리 시장에서 완전히 외면당했다. 제품의 기술력만큼은 최고 수준이었으나, 시장에 적합하지 않았던 것이다. 공급자가 수요자를 고려하지 않은 채 만들고 싶었던 대로 만든 결과는 처참했다.

NV1은 창업 후 약 2년간 엔비디아 직원 20명이 달라붙어 모든 재원과 기술을 투입한 결과물이었다. 회사 내부에서는 이 제품이 위대한 게임칩이 되리라 확신했다. NV1의 아이디어, 기술, 제품력 등은 모든 면에서 그 당시로서는 획기적이었기 때문이다. 2D 및 3D 그래픽이 하드웨어 칩 하나에서 모두 계산되었고, 사운드카드가 따로 필요 없도록 음향 구현 출력과 게임패드를 위한 연결 부분까지 칩 하나에 넣었다. 조이스틱을 비롯해 게임 포트, 오디오, VGA, 2D, 3D 기능까지, 하나의 칩셋으로 PC 이용자들이 다양하게 누릴 수 있도록 했다.

스위스 군용 나이프처럼 하나의 칼 안에 아주 다양한 기능을 넣어둔 상품이 바로 NV1이었다. 멀티 기능이 내장된 하나의 칩셋이란 콘셉트로 태어난 NV1은 문어를 연상시켰다. NV1을 박스에서 꺼내면 컴퓨터에 연결하는 작은 장치들dongles이 딸려 나왔는데, 이런 작은 장치는 컴퓨터 전체와 연결해 사용하기 위해 꼭 필요한 요소였다. 젠슨 황은 "이 장치들로 인해 NV1은 문어처럼 느껴진다"[2]라고 했다.

결국 제품 출시 후 사달이 났다. 엔비디아의 고객 파트너사인 다이아몬드 멀티미디어Diamond Multimedia가 NV1 25만 개를 가져갔다가 소매 판매가 부진하자 대부분을 반품해 버린 것이었다. 정확히 말하면 24만 9,000여 개가 엔비디아로 되돌아왔다. 엔비디아는 실질적으로 파산 상태나 마찬가지였다.

시장의 고객들은 이런 종류의 제품이 낯설었고, 선뜻 구매하려 하지 않았다. NV1은 너무 독특해서 비교 대상군도 없었다. 결과적으로 시장보다 너무 빨리 앞서간 것이 NV1의 실패 원인이었다.

프로젝트를 끝내고 죽든가, 끝내지 않고 당장 죽든가

젠슨 황은 회사를 살리기 위해 급박하게 움직였다. 시장 반응이 좋지 못한 NV1 이후 차기 먹거리를 찾기 위해 1995년 7월 세가와 파트너십을 체결하고 프로젝트에 합류한 것이다.

이것이 이 글 앞에 소개한 위기 상황의 배경이다. 엎친 데 덮친 격으로 1995년 6월경엔 세쿼이어캐피털Sequoia Capital로부터 받은 1차 파이낸셜 펀딩 자금이 거의 소진된 상태였다.

가장 큰 문제는 세가 납품용 엔비디아 칩은 마이크로소프트의 게임 플랫폼과 호환되지 않는다는 점이었다. 젠슨 황은 마이크로소프트 게임 플랫폼과 호환되는 고사양 칩으로 빨리 전환해야 앞으로 경쟁력을 가질 수 있다고 판단했다. 세가와의 약속을 지키기 위해 기술적으로 너무 뒤처지면 훗날을 도모할 수 없었다. 하지만 이 납품을 먼저 완료하기 전에는, 다른 시도를 하는 건 어림없었다. 세가와의 계약을 파기할 경우 납품 대금을 받지 못할 뿐 아니라 자칫 배상까지 해야 할지도 몰랐기 때문이다. 그 당시 엔비디아는 배상금은커녕 회사 인력의 절반 이상을 내보냈는데도 남은 직원들한테 월급 주기도 빠듯한 형편이었다.

젠슨 황은 가슴이 타들어갔다. 어렵게 따낸 용역이었는데, 빗나간 사업 방향 탓에 회사의 목줄이 꽉 조여들었다. 계약 불이행으로 대금을 받지 못하면 파산할 게 뻔했다. 세가와의 계약을 이행하든 못하든, 엔비디아가 처한 운명은 둘 중 하나였다.

《월 스트리트 저널Wall Street Journal》은 당시 엔비디아가 처한 상황을 "과업을 끝내고 천천히 죽어가든가, 아니면 계약을 파기하고 곧장 죽든가"라고 표현했지만, 젠슨 황은 "나는 그 프로젝트를 끝내고 죽든가, 혹은 그 프로젝트를 끝내지 않고 당장 죽을 상황에 직면했다"[3]
라며 외부에서 보는 것 이상의 위기였다고 털어놓았다.

1년 전, 1차 파이낸셜 펀딩을 실시한 실리콘밸리의 금융 투자사
들은 엔비디아가 망해서 투자금을 회수하지 못할지도 모른다는 극
도의 불안감에 휩싸였다. 그들의 전망대로 엔비디아가 공중분해됐
다면, 2022년 11월 출시 5일 만에 100만 유저, 8주 만에 1억 유저를
달성한 오픈AI의 챗GPT는 탄생하지 못했을 테고 지금 우리는 AI를
두고 꿈같은 헛소리라며 웃고 있으리라.

자존심 접고 얻은 기사회생의 기회

젠슨 황은 주어진 선택지를 모두 거부했다. 과연 죽는 것밖에 방
법이 없는가? 그가 판단하기에 이 시점에서 최선은 세가와의 용역
건을 정리하고 세가에 다른 파트너를 찾으라고 말하는 것이었다. 그
는 부끄러움을 무릅쓰고 엔지니어 출신의 세가 미국 지사장^{CEO}인
이리마지리 쇼이치로入交昭一郎에게 곤경에 빠진 사정을 설명한 후 투
자금 전액을 지불해 달라고 요청했다. 이제 엔비디아의 운명은 이리
마지리의 손에 달려 있었다.

젠슨 황의 '황당한' 요청을 받은 이리마지리가 엔비디아 사무실에
들이닥쳤을 때, 젠슨 황은 파국을 짐작했다. 엔비디아는 실패할 것이
자명했다. 세가로서는 엔비디아를 봐줄 이유가 없었다. 1993년 비디
오게임 업계에서 닌텐도를 압도한 후 소니 플레이스테이션의 대항마

로 드림캐스트를 개발한 세가로서도, 새로운 GPU를 제공하겠다던 엔비디아가 갑자기 이탈하면 상당한 타격을 받을 것이었다. 아니나 다를까 이리마지리 역시 플레이스테이션과의 경쟁에서 확고한 우위를 점하려는 세가 본사로부터 압박을 받고 있었다.

그런데 생각지도 못한 반전이 일어났다. 약속 이행을 독촉해야 할 세가 CEO가 '빚쟁이'에게 설득당한 것이다. 젠슨 황의 자신감과 열정, 비전에 반한 이리마지리는 다른 납품사를 구하는 동시에 일본 본사를 설득해 계약 대금을 포함한 총 500만 달러를 엔비디아에 투자했다. 숨이 간당간당하던 엔비디아의 눈앞에 새로운 산소 호흡기가 내려왔다. 젠슨 황은 "세가 CEO는 고맙게도 동의해 주었다. 그의 이해와 관대함으로 덕분에 엔비디아는 6개월의 시간과 자금을 확보했다"[4]라고 회고했다.

어렵게 시간을 확보한 젠슨 황은 사무실에 웅크리고 앉아 마이크로소프트의 다이렉트X에 호환할 수 있는 새로운 칩 'RIVA 128', 즉 'NV3'를 개발했다. 이 칩은 1997년 4월 발매 후 4개월 동안 무려 100만 개 이상 팔리며 엔비디아의 첫 번째 히트 상품이 되었다. 엔비디아는 이를 계기로 사업 자금을 확보하고 차기 라인업 생산에 돌입할 수 있었다.

젠슨 황은 2023년 5월 26일 대만국립대학 졸업식장에서 젊은 시절의 부끄러웠던 기억을 앞길이 창창한 대학생들에게 들려주었다. 똑똑하고 성공할 자질을 갖춘 사람이라도 자존심 때문에 큰일을 망치면 안 된다는 메시지였다. 젠슨 황은 자존심을 접은 것이 엔비디아를 구했다면서, 자신의 실수를 솔직히 인정하고 실수를 바로잡도록 도움을 요청하는 데 주저하지 말라고 조언했다.

20년 전의 은혜를 잊지 않는 마음

젠슨 황에게 은혜를 베푼 세가 CEO 이리마지리는 어떻게 되었을까? 그 덕에 기사회생한 젠슨 황은 1999년 엔비디아를 미국 나스닥 시장에 상장시키는 등 승승장구했다. 반면 혼다Honda의 모터사이클과 포뮬러원 자동차 엔진을 디자인하다 세가로 스카우트되어 미국 사업을 주로 맡았던 이리마지리는 2000년 세가 사장직에서 물러난 뒤 도쿄에서 컨설턴트가 되었다.

두 사람의 위치가 180도 뒤바뀐 셈이었다. 이리마지리의 입장에서는 나스닥 거물로 떠오른 젠슨 황이 개인 사업가가 된 자신을 아는 척이나 할까 조심스러웠다. 그러던 2017년, AI를 주제로 한 세미나를 기획하던 이리마지리는 젠슨 황의 이메일 주소를 찾아 연락을 취했다. 약 20년 만에 보내는 메일에 '옛 친구로부터from old friend'라는 제목을 달았다.[5]

이리마지리는 "이리마지리 쇼이치로입니다. 1990년대에 당신의 비즈니스 파트너로 일했던 한 사람입니다. 세가 드림캐스트를 위한 첨단 그래픽 반도체 개발을 위해 함께 고군분투한 그 당시를 기억하리라 생각합니다. 이는 제 인생에 있어 행복한 기억 중 하나였습니다"[6]라고 메일을 써내려갔다.

전 세계를 뛰어다니는 젠슨 황의 답장은 기대하지도 않았고, 엔비디아 직원 중 아무라도 회신만 주면 좋겠다는 마음으로 보낸 메일이었다. 그런데 하루 만에 젠슨 황이 직접 답변을 보냈다. 젠슨 황은 "친애하는 이리마지리 씨, 연락을 주셔서 반갑기 그지없습니다. 엔비디아 초창기에 세가와 함께 일했던 때는 내 인생에서도 행복했던 기억 중 하나였습니다"[7]라며 큰 반가움을 표시했다. 마침 도쿄에서 엔비디아 콘퍼런스가 잡혀 있으니, 그때 이리마지리의 행사 연단에도 서겠다고 약속하면서 말이다.

엔비디아 CEO가 연설자로 서기에는 작은 행사였지만, 그는 상관하지 않았다. "당신을 위해 무언가 할 수 있어 감사합니다"[8]라는 문구에서, 오히려 과거의 은혜를 갚고 싶어 한 젠슨 황의 마음이 엿보인다. 그는 어려울 때 손을 내밀어준 이를 한시도 잊지 않았던 것이다.

20여 년을 넘나든 이들의 관계에 궁금증이 남을 수밖에 없다. 이리마지리는 어떤 마음으로 약속을 지키지도 못한 젊은 CEO와 엔비디아를 살려주고, 그것도 모자라 투자까지 한 것일까? 파산 위기에 처한 젊은 사업가 젠슨 황의 얼굴을 보며 무슨 생각을 한 걸까?

이리마지리는 그때 받은 인상을 "젠슨 황은 아주, 아주 강한 자신감을 가지고 있었다"라고 표현했다. 세가 CEO는 이 자신만만한 젊은 CEO가 훗날 성공하리라 믿었고, 결국 젠슨 황은 그 믿음이 틀리지 않았음을 입증해 낸 것이다. 나중에 세가는 이리마지리가 투자금으로 확보해 놓은 엔비디아 주식을 팔아 큰 수익을 거두었다.

초심을 잃지 않는 한결같은 마음, 상대에 대한 배려, 큰 실패를 되풀이하지 않겠다는 강렬한 의지 등은 젠슨 황에게 인간적 매력을 더해 주는 포인트다.

숱한 위기를 겪고도 지금의 자리에 오른 젠슨 황은 어떤 경험을 통해 지금과 같이 단단한 정신을 갖추게 된 것일까? 지금부터 그 비결을 살펴본다.

무방비 상태로
낯선 미국 땅에 떨어지다

영어 한 단어도 모르고 두 아들을 가르친 어머니

부모는 자식의 인생 전체에 영향을 미친다. 심지어 부모의 부재조차 부모가 자식에게 미치는 영향이다. 그런 부모가 자식을 향해 품는 소망은 한 가지다. 최소한 자신보다는 나은 삶을 사는 것이다. 이는 교육 방식이나 생활 환경으로 나타나기도 하고, 자식에 대한 과도한 개입이나 방임으로 표출되기도 한다.

볼프강 아마데우스 모차르트Wolfgang Amadeus Mozart 부모의 조기 교육이 천재였던 아이에게 불행이었는지 아닌지는 논외로 하더라도, 모차르트는 평생 음악적 스승인 부친의 존재를 강하게 의식했다.

카를 구스타프 융Carl Gustav Jung에게도 어린 시절 집안 환경은 인생에 큰 영향을 준 요인이었다. 목사인 아버지를 비롯해 조상 대대로 목사였던 가풍, 집이 호반에 자리한 탓에 물에 떠내려오는 시체를 자주 목격한 경험이 어린 시절부터 삶과 죽음의 문제를 깊이 고민하게 만들었다. 결국 그는 이를 꿈과 집단무의식이라는 독특한 개념으로 심리학의 새로운 장을 열었다.

자식이 독립적 개체라는 점을 알면서도, 동양적 사고방식에서 부모와 자식의 사이는 무엇보다 끈끈하다. 대만계 이민자로 미국에서 주류에 속할 수 없던 젠슨 황은 누구보다 그 점을 크게 인식했다. 그랬기에 그는 미국 땅에서 파란 눈의 백인들과 매일 부딪히며 정체성을 고민하는 동시에 필사적으로 적응해 나갔다.

"나는 부모의 꿈과 야망의 산물이다."
"I'm the product of my parents' dreams and aspirations."[9]

이 간결한 한 문장에서 '산물product'이란 단어를 선택한 것은 반도체 엔지니어 출신답다. 젠슨 황의 성장 과정을 듣고 나면, 그가 부모에게 그토록 고마워하는 이유를 알 수 있다.

대만 타이난에서 태어난 젠슨 황의 인생은 1960년대 말 아버지가 다녀온 뉴욕 견학을 계기로 통째로 바뀌었다. 아버지 황싱타이黃興泰는 대만 명문대인 국립성공대학國立成功大學 화학공학과 출신으로, 현재는 미국 유나이티드테크놀로지스United Technologies Corporation, UTC로 넘어간 에어컨 제조사인 캐리어Carrier의 대만 지사에서 근무하던 중 직원 연수 프로그램에 참가하면서 뉴욕 땅을 처음 밟았다. 선진적인 미국 환경이 자식들의 성장에 큰 도움이 되리라 직감한 황싱타이는 이때 젠슨 황과 그의 형을 미국에서 가르치겠다고 다짐했다.

하지만 가족 모두가 당장 미국으로 이민할 여유는 없었다. 남편의 뜻에 공감한 아내 뤄차이슈罗采秀는 그때부터 '맹모삼천지교'에 돌입했다. 아이들을 미국에 보내기 전, 영어부터 가르치기로 한 것이다. 이와 관련해 젠슨 황은 놀라운 사실을 공개했다. "미국 유학을 준비하면서 어머니가 우리 형제에게 영어를 가르쳤다. 당시 어머니는 영어를 한 단어도 몰랐다."[10]

영어가 국제 공용어가 된 지금은 영어 교육에서 발음을 상당히 중요하게 생각한다. 발음이 올바르지 않으면 영어 원어민이 알아듣지 못할 것이라는 우려 때문이다. 그러나 형제의 어머니는 그런 것쯤은 개의치 않았다. 미국에서 몇 마디라도 입을 떼는 게 더 중요하다고 생각했다.

'말보다 행동파'였던 그녀는 조금도 주저하지 않았다. 어머니의 열성을 막을 수 있는 것은 아무것도 없었다. 젠슨 황은 "매일 사전에서 영어 단어 10개를 무작위로 선택해 형과 나에게 철자를 묻고 단어의 의미를 설명하라고 시켰다. 어머니는 우리가 맞았는지 틀렸는지도 알지 못했다. 그러나 우리 형제를 성공하게 만들려는 아버지의 꿈과 어머니의 야망이 결국 지금의 우리를 만들었다"[11]라고 회상했다.

부모의 뜻을 헤아린 젠슨 황의 긍정적 사고

젠슨 황은 4년간 태국에서 살다 부모와 헤어져 미국 기숙학교로 보내졌다. 이것이 엔비디아 CEO가 겪은 고난의 시작이었다. 불행하게도 그 기숙학교에는 어린 젠슨 황을 지켜줄 사람이 없었다.

돌이켜보면, 그의 부모가 가르친 것은 초급 영어만이 아니었다. 아버지의 비전과 어머니의 강한 실행력이라는 양쪽의 DNA를 물려받은 결정체가 바로 젠슨 황이다. 어찌 보면 거친 환경에 그를 내보낸 것이지만, 그는 부모의 참뜻을 이해하고 그 안에서 긍정적인 면을 볼 줄 아는 아이였다.

그 결과 어린 시절에 겪은 고난을 값진 경험으로 바꾸어냈다. 카를 융이 그랬듯 말이다. "부모님께 진 빚이 크다."[12] 젠슨 황의 고백을 들으면 자식은 부모가 빚은 작품임을 되새기게 된다. 이와 관련해 그는 아주 유명한 말을 남겼다. "세상은 단지 말뿐인 사람이 아니라, 꿈꾸고 행동하는 사람들을 더 필요로 한다."

젠슨 황은 부모의 가르침을 체득해 고유한 철학으로 승화시켰다. 이렇듯 세대를 건너 진화해 나가는 것이 모든 생명체가 할 일이다.

나는 부모의 꿈과 야망의 산물이다.

문제아들의 정글에서
터득한 생존법

첫 룸메이트는 열일곱 살 불량배

일생을 뒤돌아볼 때 가장 선명하게 기억 속에 되살아나는 공간은 집과 학교가 아닐까? 교실 한구석에서 벌어진 사건과 친구의 얼굴은 삶의 어느 순간 불현듯 떠오른다. 교실 벽에 붙은 그림 한 조각, 삐뚤빼뚤한 글씨로 쓱쓱 써낸 숙제 노트, 연필 깎는 소리, 내 앞에서 누워 자던 친구의 땀 젖은 등판까지도.

청소년기의 학교 생활은 성인이 된 이후의 행동 방식이나 인격에도 영향을 미친다. 한 개인으로서 인격이 완성되지 않은 상태에서 부딪히는 집단 시스템에 각자 다르게 반응할 수밖에 없기 때문이다.

젠슨 황의 청소년기는 그의 인생을 송두리째 바꾸어놓은 전환점이었다. 돌이켜보면 기회였다고 할 수 있지만, 아홉 살 소년이 감당하기에는 너무 잔혹하기도 했다. 누군가는 구슬조각처럼 산산조각 났을지 모른다. 하지만 그는 그 속에 깃든 부모의 참뜻과 사랑을 깨닫고 견뎌냈다. 그 점에서 아주 영리한 소년이었다.

당시 살고 있던 태국이 베트남전쟁으로 정세 불안을 겪자, 젠슨 황의 부모는 자식들을 미국으로 보내 공부시키기로 결단을 내렸다. 그렇게 1972년, 젠슨 황은 아홉 살의 나이로 형과 단둘이 미국 땅을 밟았다. 형제가 머무르기로 한 곳은 워싱턴주 터코마의 외삼촌 집이었다. 어머니에게 매일 스파르타식으로 영어 단어 암기 훈련을 받았다고 하지만, 영어를 한마디도 내뱉을 수 없는 상태였다.

젠슨 황을 오래 데리고 있을 수 없던 외삼촌은 그를 켄터키주에 자리한 오나이다 침례교 기숙학교에 보냈다. 이곳은 학비와 기숙사비도 저렴한 편이고, 외삼촌이 생각하기로는 나름 '권위 있는' 종교 학교였다. 하지만 이 학교의 실체는 미국 전역의 문제아들을 모아두고 종교의 힘으로 '인간 개조'를 하는 특수 기관이나 마찬가지였다. 당연히 어린 젠슨 황의 학교 생활을 돕거나 보호해 줄 사람은 아무도 없었다.

젠슨 황이 본 오나이다 침례교 기숙학교는 '별세계'였다. 모든 학생이 담배를 피워대는 불량배에 가까웠다.

"주머니칼을 갖고 다니지 않은 학생은 전교에서 나 혼자인 듯했다."

"I think I was the only boy at the school without a pocketknife."[13]

기숙사 입소 첫날 배정받은 방의 룸메이트는 무시무시한 '경력'의 소유자였다. 젠슨 황보다 한참 나이가 많은 열일곱 살의 불량배였던 룸메이트는 첫날부터 셔츠를 들어 올려 싸움으로 생긴 수많은 칼자국을 그에게 보여주었다. 그 세계에서 소위 '칼빵'은 훈장 같은 것이 아닌가.

룸메이트는 신체적으로는 젠슨 황을 압도했지만 문맹이었다. 그는 젠슨 황에게 읽기를 배웠고, 그 보답으로 벤치 프레스를 가르쳐주었다. 덕분에 젠슨 황은 매일 밤 취침 직전 푸시업을 100개씩 했다. 포장해서 '벤치 프레스'이고 '푸시업'이지, 실상은 룸메이트가 주관하는 '얼차려'였을지 모른다. 어리고 힘없는 젠슨 황은 그때부터 화장실 청소도 전담했다.

룸메이트처럼 글도 못 읽는 나이 든 청소년들이 가득한 학교였지만 수업을 따라가기에는 젠슨 황이 너무 어렸다. 젠슨 황은 종교 학교를 표방한 살벌한 '문제아들의 정글'을 떠나 근처의 공립학교로 전학했다. 하지만 그 뒤로도 나아진 것은 없었다. 꼬마 동양인 이민자를 반겨줄 학교는 미국 땅에 없었다.

화장실 청소를 도맡았던 모교에 200만 달러를 기부하다

젠슨 황이 옮겨 간 공립학교의 학생들은 가난한 담배농의 자식들이었다. 미국 중동부에 자리한 켄터키주는 대규모 농장이 즐비한 시골이었다. 젠슨 황은 머리카락이 긴 더벅머리 동양인이었고, 거친 억 양의 영어를 더듬더듬 말하는 소년이었다. 이 모든 조건은 그가 학교에서 '완벽한 타깃'이 되도록 만들었다.

이 학교에서도 젠슨 황은 왕따에 시달렸다. 그는 이름 대신 아예 '칭크chink'로 불렸다. 칭크는 미국에서 중국인을 모멸적으로 부르는 은어였다. 또한 젠슨 황은 밧줄다리로 강을 건너 학교를 다녔는데, 이 다리는 낡았을 뿐 아니라 밑바닥 판자들이 유실된 부분도 있었다. 때로는 젠슨 황이 그 다리를 건너고 있을 때 동네 아이들이 나타나 로프를 흔들어 그를 떨어뜨리려 했다. 하지만 젠슨 황은 담담하게 받아들였고, 두려움을 떨쳐냈다.

나중에는 어느 정도 적응한 젠슨 황은 몇몇 아이들을 이끌고 근처의 숲을 탐험하는 데 앞장섰고, 널빤지가 유실된 다리를 지나갈 때 재미를 느끼기도 했다.

부모가 오리건주로 이민 온 이후, 젠슨 황은 오리건주 알로하고등학교로 전학했다. 그곳에서는 부모와 함께 훨씬 안정적으로 지냈고 동아리 활동도 하며 뛰어난 성적을 거두어 2년이나 빨리 졸업했다.

젠슨 황은 불량배 겸 문맹 룸메이트와 한 방을 썼던 오나이다 침례교 기숙학교 시절을 원망하지 않았다. 오히려 그에게 인내력을 길러준 의미 있는 시간이었다. 그는 "그때는 대화를 나누며 상담해 줄 사람이 없었다. 그냥 스스로 강해져서 앞으로 나가야만 했다"[14]라며 그 시절을 받아들였다.

놀라운 점은 젠슨 황이 2019년 가족 재단을 만들어 모교인 오리건대학에 300만 달러, 석사를 마친 스탠퍼드대학에 200만 달러, 그리고 오나이다 침례교 기숙학교에 200만 달러를 기부했다는 사실이다. 그쪽 방향으로 오줌도 누지 않겠다고 할 법한 학교에 거금을 쾌척한 이유는 무엇일까? 모든 것을 용서한다는 뜻일까?

젠슨 황이 밝힌 이유는 바로 부모다. 그는 "학교 덕분에 우리 아버지의 꿈을 깨달았다"[15]라고 밝혔다. 그 어린 나이에도, 비록 삼촌의 정보 부족으로 열악한 학교에 보내지기는 했지만, 더 넓은 땅으로 보내고 싶었던 부모의 진심을 느낀 젠슨 황의 선한 마음과 영민함을 엿볼 수 있는 대목이다.

맹모삼천지교도 그 자식이 공자였기에 가능했다. 작은 성공이 아니라 위대한 차원의 성공에 이르려면, 부모와 자식이 손바닥을 마주쳐야만 함은 예전이나 지금이나 마찬가지다. 이런 뛰어난 아들 덕분에 고난의 시간 속에서 부모의 사랑과 비전은 선견지명으로 밝혀졌고, 젠슨 황 가족은 '아메리칸 드림'을 이루었다.

결국 "될 사람은 어떻게 해도 되고, 안 될 사람은 어떻게 해도 안 된다"라는 말은 성공은 상황을 해석해 내는 능력에 달려 있다는 뜻 아닐까?

게임에서 지고, 지고, 또 지는 법을 배우다

게임을 밥보다 좋아한 비디오 게임 키즈

"미스터콤퓨터는 세계 제일의 반도체 메이커인 텍사스 인스트러 먼트 회사의 마이크로프로세스를 이용한 소형컴퓨터완구로서 미국, 일본을 비롯한 세계 각지에서 선풍적인 인기를 모으고 있습니다."[16]

1980년 《소년중앙》 12월 호에 게재된 광고 문구다. 구식 휴대폰처럼 생긴 이 게임기는 '지능 개발을 위한 재미있는 컴퓨터 완구, 미스터콤퓨터'다. 한 손에 들어오는 인터페이스 중앙에 아홉 개의 버튼이 있고 위아래로 특별 버튼이 하나씩 자리하고 있다. 컴퓨터칩이 내장된 기기의 버튼에 요란한 음향과 함께 빨간 불빛이 들어오면 게임기와 대결하는 방식이다. 이 광고는 미스터콤퓨터로 할 수 있는 여러 게임을 소개한다. 예를 들어 '기억력 게임'은 이렇다.[17]

기억력 게임 : 미스터콤퓨터가 알려주는 불빛과 음향을 잘 기억해 두었다
가 찾아내는 게임

같은 호 잡지에 또 다른 전자 야구 게임기 '콤퓨터 야구 게임' 광고도 눈길을 끈다. 이 게임기는 노란색 직사각형 몸체 안에 녹색 야구장이 자리하고 있다. 그라운드의 각 수비 포지션이 작은 원형 구멍으로 표시되어 있는데, 게임을 플레이하면 역시 음향과 함께 야구공이 간 쪽의 빨간 불이 번쩍인다. 잡지는 "미국 에포크의 세계적 특허품으로 컴퓨터 시스템에 의한 전자 야구 게임으로, 미국, 일본 및 서구에서 대히트한 전천후 전인완구로서 실제 야구 게임을 완벽하게 선수(공격팀, 수비팀), 관중이 동시에 즐길 수 있습니다"[18]라고 제품을 소개한다.

1980년의 두 전자 게임기는 이 시대 어린이를 흥분시킨 게임기의 특성을 고스란히 보여준다. 지금 관점으로 보면 그래픽 이미지도 없이 불빛과 소리만 요란한 '게임기의 시조새'에 불과하지만, 당시에는 최첨단 게임기였다. 구슬치기, 공기 등을 하며 흙바닥에서 놀던 어린이들이 소형 컴퓨터 게임기를 손에 쥐었을 때 그 충격이 얼마나 컸을지 짐작할 수 있다. 전자 게임기 수입 업체들은 각종 어린이 잡지에 게임기 광고를 퍼부었고, 어린이들은 설날, 추석에 돈을 모아 게임기를 사러 달려갔다.

이 시기에 세계 컴퓨터 게임을 비약적으로 발전시킨 게임들이 등장했다. 〈동키콩〉(1981), 〈슈퍼마리오〉(1985) 등은 귀여운 캐릭터와

게임에 스토리텔링을 도입한 방식으로 어린이들을 흥분의 도가니에 빠뜨렸다. 짜임새를 갖춘 스토리 구조에 귀엽고 역동적인 그래픽을 갖춘 게임이 탄생한 것이다. 동키콩이 납치해 간 공주를 구하려는 어린이들이 동네 오락실로 몰려들어 게임 버튼을 두들겨댔다.

그 어린이들 중 한 명이 21세기 최고의 AI 기업으로 떠오른 엔비디아의 CEO 젠슨 황이었다. 그는 밥보다 게임을 더 좋아했다. 전자 게임이 봇물처럼 터져나오기 시작한 1970년대 후반에서 1980년대에 그는 게임과 함께 청소년기를 보냈다. 1993년, 두 동료들과 함께 엔비디아를 창업한 이유도 게이머들을 열광시킬 수 있는 최고의 게임 그래픽을 만들어보고 싶다는 일념 때문이었다.

'3D 게임 그래픽카드 제조사'로 기업을 소개한 엔비디아는 당시 3dfx와 ATI가 양분하고 있던 VGA^{Video Graphics Array, 컴퓨터 그래픽카드} 시장에 과감히 도전장을 던지며 시작했다. 지금은 엔비디아 하면 'GPU'나 'AI'라는 단어가 떠오르겠지만, 엔비디아는 여전히 최고의 게임 그래픽카드 및 소프트웨어를 출시하며 '게임에 진심'인 기업이다.

젊은 날을 낭만으로 장식해 준 지포스의 추억

1990년대 말, 게임에 화려한 시각적 혁신과 즐거움을 선사한 엔비디아의 게임 그래픽카드 '지포스^{GeForce}'는 게임 마니아들에게 추억으로 남아 있다. 이 게임 그래픽카드로부터 GPU가 탄생했고, 엔비디아의 게임 그래픽카드 마니아들이 아이디어를 준 덕분에 머신러닝까지 시작할 수 있었다. 즉, 엔비디아의 출발점이며 혁신의 연결 고리가 게임이었음은 누구도 부인할 수 없다. 게임이야말로 엔비디아의 알파이자 오메가다.

어린 시절 게임에 열광한 그의 이야기를 들어보면 엔비디아라는 기업의 성격이 어떻게 게임에 맞닿아 있는지 알 수 있다. 비디오 게임 키드였던 젠슨 황에게 청소년 시절 세상의 이치를 가르친 진정한 스승이 게임이었다. 그는 고등학교 시절 게임보다 더 큰 기쁨을 준 건 없었다며 이렇게 말했다.

"게임하는 동안, 대개 우리는 게임에서 진다. 지고, 지고, 또 지다 보면 결국 이긴다. 그게 게임의 이치다. 맞지 않나? 게임은 피드백이고, 결국 이긴다."

"Most of the time when you're playing a game, you're losing. You lose and lose and lose until you beat it. That's kind of how the game works, right? It's feedback. And then eventually you beat it."[19]

게임은 미션 실패를 반복하다가 스테이지를 클리어하는 구조다. 게임 세계에서 실수나 실패는 당연한 과정이다. 처음부터 게임 설계자를 이길 수 있는 게이머는 없다. 이러한 게임 구조는 아예 기업을 경영하는 젠슨 황의 사고방식으로 자리 잡았다. 기업 프로젝트도 크고 작게 실패하는 일이 당연하다는 마인드를 갖춘 것이다.

그는 게임의 점수가 실패하는 과정에 있다는 게임론을 펼친다. "게임에서 가장 재미를 느끼는 대부분은 게임에서 지고 있는 동안에 지속된다. 결국 판을 깰 때가 황홀한 순간이지만 깨고 나면 끝밖에 남지 않기 때문이다."[20]

실제로 게임과 기업 경영 방식이 크게 다르지 않다는 것이 그의 결론이다. 젠슨 황은 "나는 혁신과 새로운 것에 대한 도전으로 이어지는 위험을 감수할 줄 안다. 이는 게임이 내게 준 중요한 인생 교훈이다"[21]라고 했다.

그가 게임에서 체득한 힘은 뚝심, 즉 지구력인 듯 보인다. AI 사업에 주력하면서 게임 분야의 실적이 기대에 못 미친다는 평을 받고 있지만, 엔비디아는 게임 그래픽카드를 출시하고 클라우드 게임 서비스 등을 꾸준히 이어가고 있다. 추억이자 스승이자 정체성이었던 게임을 젠슨 황은 포기할 수 없었던 것이다. 게임 업계에서는 엔비디아는 잘하는 분야든 그렇지 못한 분야든 한 번 시작했으면 포기하지 않고 자신만의 기준에 맞춰 지속적으로 사업을 추진하여 진정한 뚝심을 가진 기업으로 평가받는다. 엔비디아 게임 그래픽카드가 너무 비싸다는 불만은 논외로 하고 말이다.

이와 관련해 젠슨 황이 한 말이 있다. "혁신은 새로운 것을 창조하는 일이 아니라, 이미 존재하는 것을 향상시키는 일이다."

엔비디아는 1999년 '세계 최초의 GPU'로 불리는 게임 그래픽카드 '지포스256' 이후로 2020년, 지포스 역사상 가장 위대한 세대적 도약을 이뤘다고 평가받는 '지포스 RTX 30' 시리즈를 선보였으며, '지포스 RTX 40' 시리즈로 업그레이드하고 있다. 역시 뚝심의 엔비디아다.

게임하는 동안, 대개 우리는 게임에서 진다.
지고, 지고, 또 지다 보면 결국 이긴다.
그게 게임의 이치다.
맞지 않나?
게임은 피드백이고,
결국 이긴다.

식당 아르바이트에서 배운 문제 해결 능력

인생 첫 직업은 접시닦이

반도체 업계에 뛰어들지 않았다면 젠슨 황은 과연 어떤 일을 하고 있을까? 그 답을 알아내는 것은 어렵지 않다. 엔비디아를 창업하지 않았거나 창업 후 얼마 안 돼 망했다면, 젠슨 황은 아마 식당 일을 하고 있었을 것이다. 이렇게 단정적으로 말할 수 있는 이유는 그가 평소 식당 일에 남다른 자부심을 드러냈기 때문이다.

젠슨 황은 평소 "인생 첫 직업이 접시닦이였다. 그 일을 아주 잘했다"라고 자랑스럽게 이야기한다. 반도체 업계에 뛰어들기 전 식당에서 쌓은 경력에 대한 자부심이 물씬 풍긴다. 요식업이 다른 사람에게 추천할 만한 일인지 묻자, 이렇게 답했을 정도다.

"탁월한 선택이다. 요식업에서 첫 직업을 시작하라고 모든 이에게 강력하게 추천한다. 그 일에서 겸손함과 열심히 일하는 자세를 배울 수 있다."

"Excellent career choice. I highly recommend everyone start your first job in the restaurant business, it teaches you humility, hard work."[22]

젠슨 황이 식당 접시닦이부터 경력을 쌓은 나이는 열다섯 살부터 다. 집 근처의 프랜차이즈 식당 데니스에 일을 시작했는데, 대학생이 된 후에도 여름방학마다 그 가게에서 일했다. 어린 나이에 아르바이트를 시작한 것은 그가 미국 땅에 적응해 일찍이 자립심을 키웠음을 보여주는 대목이다.

이 세상에서 자신보다 접시를 잘 닦는 사람은 없다는 말을 공공 연하게 할 정도로 젠슨 황은 정말 열심히 일했고, 그 일을 좋아했다. 그는 식당에서 신뢰를 얻어 접시닦이에서 '버스보이(식탁에서 빈 그릇을 치우는 접객원)'로 승격됐다. 식당 테이블 업무 덕분에 껍질을 벗고 성장할 수 있었다. 처음에는 손님들과 대화하는 일이 두려웠다. 식당에서는 억지를 쓰거나 상식이 통하지 않는 사람도 고객이다. 손님을 맞이하고 뒷정리하는 일을 하면서 별별 일을 다 겪었고, 손님의 마음을 읽을 줄 알게 됐고, 억울해도 참으며 문제를 수습하는 경험을 쌓을 수 있었다.

젠슨 황은 "손님이 항상 옳지 않을 수도 있다. 접객원은 항상 발생하는 사건의 타협 방안을 찾아야 하고, 어려운 상황에 맞닥뜨릴 수도 있다. 접객원이 실수를 저지를 수 있고, 주방에서 실수할 수도 있다"[23]라고 말했다.

젠슨 황은 그럴 때 어떻게 처신했을까? 핵심은 원래 식당이란 곳이 이런 일이 벌어지는 공간이라는 사실이다. 이 사실을 직시하면 된다. 그는 "대부분의 환경을 컨트롤할 수 없다. 그러니 혼돈의 상태에 최대한 잘 대처하면 된다"[24]라는 깨달음을 얻었다. 이런 경험 덕분에 그는 지금도 반도체 업계에서 비즈니스를 잘한다는 평가를 받는다.

요식업에 진심이던 남자에서 AI 대부로

그가 역경을 버텨내는 힘을 기른 곳은 식당이었다. 그래서 "식당에서 러시아워를 담당해 본 사람은 내가 무슨 말을 하는지 안다"[25]라고 했다.

요식업을 강력하게 추천한다는 엔비디아 CEO의 말은 빈말이 아니다. 그의 딸 매디슨 황Madison Huang과 아들 스펜서 황Spencer Huang도 요식업 분야에서 직장 경력을 시작한 후 엔디비아에 들어갔다. 물론 본인들의 선택이겠지만, 여기에는 아버지의 뜻도 반영된 듯 보인다.

매디슨은 미국 CIAThe Culinary Institute of America에서 식당 경영과 고객 관리로 학위를 받았고, 샌프란시코와 뉴욕에서 셰프로 일했다. 그 후 프랑스 파리에서 제과·제빵을 공부하고, 르 코르동 블루Le Cordon Bleu에서 와인, 미식, 식당 관리 과정을 이수했다. 엔비디아에 입사한 후에는 마케팅 매니저로 일하고 있다. 역시 요식업 경력을 가진 아들 스펜서도 2022년 뉴욕대학 MBA를 마치고, 엔비디아에서 프로덕트 매니저를 담당하고 있다.

식당은 젠슨 황의 삶뿐 아니라, 비즈니스 면에서 출발점이라 할 수 있다. 1993년 추수감사절, 젠슨 황과 두 친구가 모여 엔비디아를 창업하기로 뜻을 모으고 사업의 아지트로 삼은 곳이 바로 프랜차이즈 식당 데니스의 실리콘밸리 지점이었으니 말이다. 그는 청소년기부터 대학생 시절까지 몸 바쳐 일했던 식당을 진심으로 좋아했다. 그래서 창업 아지트도 데니스로 삼았던 것이다.

요식업을 진정으로 사랑한 이 남자는 접시닦이를 시작한 지 45년 만에 첫 직장의 자랑거리가 되었다. 데니스의 CEO는 2023년 젠슨 황과 두 친구가 엔비디아 창업 모의를 시작한 데니스 이스트 새너제이 지점에 '엔비디아 부스―시총 2조 달러 회사를 론칭한 부스The booth that launched a $2 trillion company'라는 명판을 설치했다는 사실을 전 접시닦이 직원에게 전하며 행복해했다.

이에 화답하듯, 젠슨 황은 아직도 데니스를 찾아 자신이 가장 좋아하는 메뉴인 '슈퍼버드'를 주문해 먹는다. 베이컨이 특별한 최고의 샌드위치라고 엄지손가락을 추켜세우며.

끝내지 못할 숙제는 없다

세계 최고 기업 경영자의 특급 비결

사교육 시장이 전 세계에서 가장 발달한 한국의 교육 여건에서 숙제는 당연히 해야 하는 기본이다. 숙제만 충실히 해서 좋은 학교에 갈 수 있다고 생각하는 한국 부모는 없다. 그래서 '특별 관리'를 해줄 대치동의 비싼 학원과 입시에 나올 예상 문제를 줄줄 꿰고 있는 일타 강사를 찾는 데 공을 들인다. 자녀를 최상위권으로 만들기 위해 부모는 선행 학습에 뼈 빠지게 번 돈을 아낌없이 쏟아붓는다.

미국은 한국과 다르기는 하지만, 숙제를 잘해서 전 세계에서 알아주는 갑부가 됐다고 말하는 CEO가 있다. 숙제만 잘해도 성공할 수 있다는 믿음을 굳게 가진 젠슨 황이다. 이 말을 믿지 못하겠다는 사람들을 위해 《뉴요커The New Yorker》에 소개된 젠슨 황의 말을 전한다.

"내게는 슈퍼 파워가 딱 한 가지 있다. 그건 숙제하기다."

"I only have one super power—homework."[26]

마이크로소프트, 애플의 시총을 넘어선 빅테크의 CEO는 특출한 장점 덕에 성공했을 것이란 시각에 선을 긋는 발언이다. 여기서 '슈퍼 파워'라는 단어를 썼다는 점이 포인트다. 자신에게 다른 장점이 없다는 말이 아니라, 그것만큼은 세계 최고라는 자부심이다.

이 말을 액면 그대로 받아들여야 할까? 그와 관련해 젠슨 황이 제시한 몇 가지 사례를 들어보면 이해가 될 것이다. 우선, 앞에서 살펴본 젠슨 황의 이민 초기 이야기를 다시 살펴보자. 그는 불량아들이 득실거리는 학교에서 아시아계 학생으로서 적응하기가 쉽지 않았지만 학교에서 성적 우수자가 됐고, 탁구에도 재능을 보여 그 지역에서 상위권에 올랐다. 수학, 컴퓨터, 과학 동아리에 속해 활동하면서도 두 학년을 월반했을 만큼 성적이 월등했다. 이때의 탁월한 학업 성과도 바로 숙제를 열심히 해낸 덕분이었다.

선망의 대상인 여학생을 사로잡은 언더독의 전략

하지만 16살에 고등학교를 졸업한 그가 유일하게 아쉬워한 것은 여자 친구를 한 번도 사귀어보지 못했다는 점이었다. 이 역시 숙제 덕분에 소원을 이뤘다. 그가 일생의 동반자인 아내 로리 황을 만나 이어질 수 있던 것도 알고 보면 숙제 덕분이었다. 두 사람은 오리건 주립대학 전기공학과 초급반에서 실험실 파트너로 처음 만났다. 이름이 '로리 밀스'였던 갈색 곱슬머리의 여학생은 젠슨 황이 보기에 정직하고 머리는 좋지만 세상 물정을 몰라 어리숙해 보였다.

로리 밀스가 마음에 든 젠슨 황에게는 고민이 생겼다. 사귀어보고 싶은데, 로리는 그가 도전하기에는 높은 '벽'이었다. 전기공학과 인원은 250명이었고, 그중 남학생이 247명이었다. 딱 세 명뿐인 여학생 중 한 명이 로리 밀스였다. 젠슨 황은 남학생들이 로리의 관심을 얻으려 치열하게 움직인다는 사실을 간파했다. 남초 현상이 심한 이공계 학과에서 몇 안 되는 여학생의 인기는 높을 수밖에 없었다.

젠슨 황은 이 경쟁이 자신에게 불리함을 느꼈다. 2년 빨리 입학해서 학과에서 가장 어렸을 뿐 아니라, 동양인인 그는 백인들의 눈에 12살 정도로 보였다. 로리에게 남자로 보이기 어려운 조건이었다.

젠슨 황은 실험실 파트너인 로리에게 과제를 같이 하자고 졸랐다. 그의 전략은 아주 분명했다. "나는 로리에게 좋은 인상을 주려고 노력했다. 물론 외모가 아니라, 숙제를 끝내는 나의 강력한 능력으로 말이다."[27]

로리는 그의 제안을 받아들였고, 그들은 6개월 동안 같이 숙제를 하며 어울렸다. 용기를 얻은 젠슨 황은 로리에게 정식으로 데이트를 신청했다. 로리는 그것마저도 받아들였다. 두 사람은 오리건대 졸업후 마이크로칩 설계자로 실리콘밸리에서 직장을 얻었고, 곧 결혼했다. 젠슨 황은 아내가 직업적 능력 면에서 자신보다 뛰어났다고 평가했지만, 로리는 직장을 그만두고 두 아이의 양육에 전념했다.

그 후로 젠슨 황은 직장 생활이든 회사 경영이든, 마음먹은 일이나 계획을 숙제하듯 풀어나갔다. 끝내지 못할 숙제는 없다는 자신감은 엔비디아 CEO가 가진 힘의 원천이었다. 학창 시절 왕따를 당하면서도 숙제를 통해 정체성과 자존감을 유지했고, 어떤 숙제라도 해내는 끈기와 성실성으로 학과 내 남학생들의 선망의 대상이던 여학생의 마음까지 얻었다.

인생의 마스터키, 꾸준함

숙제의 가장 중요한 속성은 혼자 꾸준히 해내는 습관을 들여준다는 사실이다. 전문가들은 아이들에게 자립심과 목적 의식을 길러주는 데 숙제만 한 것이 없다고 지적한다.

'숙제 풀기의 달인'으로 성장한 젠슨 황은 엔비디아 직원들에게 무지막지하게 '숙제'를 던진다. 직원들이 CEO를 어려워하는 이유다. 엔비디아 CEO는 자신의 직원이 각자 독립적으로 숙제를 해낼 수 있는 능력과 자질을 가진 최고의 천재라고 본다.

무엇보다도 CEO의 숙제를 어려워하는 가장 큰 이유는 숙제의 데드라인이다. 젠슨 황은 직원들에게 '빛의 속도'를 요구한다. 이는 단순히 빨리 움직이라는 뜻이 아니다. 임무를 최대한 빨리 수행해 낸 후 달성 가능한 목표에 뛰어들어 일하라는 의미이다. 엔비디아 직원들은 적어도 그렇게 받아들이고 있다. 엔비디아 CEO는 숙제의 완성은 물론이고 빠른 속도를 더욱 강조한다.

숙제와 관련한 재미있는 일화를 소개하며 이야기를 마무리하려 한다. 젠슨 황은 2023년 플로리다대학 총장인 벤 새스^{Ben Sasse}와 대학생들과 대담을 나눈 적이 있다. 이 자리에서 밴 새스는 안주하지 말고 30, 35, 40, 45살에도 자신을 혁신해 나가라고 주문했다.

반면 젠슨 황은 아내 로리 황을 만난 사연을 말하며 "좋은 작업 멘트를 알려줄까요?"라고 청중에게 물었다. 잠시 후 그가 공개한 작업 멘트. "너, 내 숙제 보고 싶니?" 학생들은 이 말을 듣고 빵 터졌다. 젠슨 황이 이렇게 '아재 개그'를 늘어놓았을 때, 객석에는 로리 황이 앉아 있었다.[28]

어쨌든 젠슨 황에게 숙제는 단순한 일이나 습관이 아니다. 숙제를 해내는 성실함, 그것이 그에게는 인생의 마스터키였다.

내게는 슈퍼 파워가 딱 한 가지 있다.
그건 숙제하듯 모든 일을
끈기 있게 하는 태도다.

좋아하는 마음 하나로
일단 시작하다

젊은 기업가들의 초상

모든 기업이 그렇듯이, 엔비디아도 시작은 미약하기만 했다. 운명을 같이하기로 약속한 젊은이들이 싸구려 커피를 셀 수 없을 만큼 들이키고, 머리카락을 쥐어뜯으며 숱하게 고민하면서 한 걸음씩 걸어온 것이다.

우리가 알다시피, 엔비디아호는 1993년 현 CEO인 젠슨 황과 두 친구 크리스 말라초스키Chris Malachowsky, 커티스 프리엠Curtis Priem이 공동으로 닻을 올렸다. 1985년 대학 졸업 후 로리 황과 결혼하고 실리콘밸리로 이사한 젠슨 황은 칩 제조사 AMD에서 잠깐 근무하다가 새너제이의 LSI로직LSI Logic으로 가 엔지니어로서 경력을 쌓고 있었다. 한편 크리스 말라초스키와 커티스 프리엠은 선마이크로시스템스^{Sun Micro Systems} 소속 엔지니어였다. 선마이크로시스템스는 첨단 컴퓨터 관련 시스템을 만들었고, LSI로직은 반도체에 특화한 회사였다.

팟캐스트 〈크루서블 모먼츠^{Crucible Moments}〉에 따르면, 세 사람은 회사 간 협업 과정에서 인연을 맺었다. 1980년대까지도 컴퓨터는 덩치 크고 값비싼 기계였기에 비용을 감당할 수 있는 기업들만 사용하는 정도였다. 시간이 흐르며, 컴퓨터 혁명과 함께 가장 세련된 컴퓨터칩을 만들어내는 경쟁이 기업 간에 발생했다. 자체적으로 칩을 만들 능력을 가진 기업은 극히 드물었다. 그래서 선마이크로시스템스는 자사 컴퓨터를 위한 반주문형 칩 개발을 감행했다. 말라초스키와 프리엠이 그 업무를 담당했고, 젠슨 황은 LSI로직 소속으로 선마이크로시스템스와 협업하도록 배정됐다.

젠슨 황의 말에 따르면 세 사람은 "정말 죽이 잘 맞았다".[29] 그는 말라초스키와 프리엠이 컴퓨터 설계와 디자인에서 탁월한 실력자라고 인정했고, 그들과 일하는 시간이 정말 즐거웠다고 했다.

1990년대 초, 당시 대부분 칩 제조사들은 CPU 개발에 집중하고 있었다. 그러나 세 사람은 좀더 도전적인 일에 뛰어들었다. 컴퓨터 스크린에서 그래픽을 렌더링하기 위해 CPU와 구동하는 선마이크로시스템스의 컴퓨터 체계 속에 들어가는 칩, 즉 그래픽카드를 개발해야 했던 것이다. LSI로직은 칩을 개발하는 방법을 안다고 호언장담했지만 사실상 해내지 못한 상태였다.

어쨌든 협업을 끝낸 세 사람은 각자의 자리로 돌아갔는데, 1년 후 세 사람의 운명을 바꿀 '지각변동'이 일어났다. 선마이크로시스템스

내부에서 컴퓨터 및 그래픽 설계와 관련해 몇 가지 중요한 변화가 일어나, 말라초스키와 프리엠이 담당한 설계 분야가 핵심 사업에서 밀려난 것이다. 두 사람은 퇴사를 결심했다.

말라초스키와 프리엠은 젠슨 황에게 달려가 같이 회사를 창업할 생각이 없는지 물었다. 그런데 문제는 셋 중 누구도 무슨 회사를 만들지 모른다는 점이었다. 선뜻 합류할 수 없던 젠슨 황은 "니희들이 살되길 바라. 너희들은 멋지게 해낼 거야. 나는 지금 보수도 나쁘지 않고 일하는 게 정말 행복해"[30]라며 완곡하게 거절했다.

두 사람은 고집을 꺾지 않고 젠슨 황에게 계속 졸라댔다. 그들을 이길 수 없던 젠슨 황은 "알았어, 어떤 회사를 만들 수 있는지 생각해 보자"[31]라고 답하고 말았다.

운명을 바꾼 서른 번째 생일

젠슨 황으로서는 멀쩡한 직장을 박차고 나와 그들과 '미지의' 회사를 창업하겠다고 결심하는 게 쉽지 않았다. 아내 로리 황과 아이들을 생각하면 더욱 그러했다. 젠슨 황은 결단을 앞두고 다시금 고민했다. '왜 못 한다는 거지? 무슨 이유로 못 한다는 거지? 우리가 함께 컴퓨팅 산업을 바꿀 수 있다고 믿는다면, 무슨 이유로 발을 내딛지 못하는 거지? 그냥 시작하자.'[32]

마음이 굳어졌다. 젠슨 황은 "난 너희들과 같이할 거야"라고 외쳤다. 1993년 2월 17일, 젠슨 황의 서른 번째 생일날이었다. 회사는 젠슨 황이 긁어모은 4만 달러로 출발했다. 처음부터 엔비디아의 중심은 젠슨 황이었다. 그는 "내가 특별히 한 게 없다고 생각한다. 나는 성격이 내성적이라, 말을 잘하지도 못한다. 그런데 내가 왜 CEO로 뽑혔는지 모르겠다"라고 말했지만 말이다.[33]

게임을 좋아하는 세 사람은 최고의 게임 그래픽카드를 만드는 것을 목표로 삼았다. 그때가 1992년 말, 1993년 초였다. 앞서 설명했듯 회사명 '엔비디아'는 신화 속 질투의 여신 '인비디아'에 'Next Version'을 조합해 만들어졌다. 이 아이디어를 낸 커티스 프리엠은 엔비디아의 칩으로 '경쟁자들을 질투 나게 하자 make competitors green with envy'라는 생각에 그런 이름을 지었다.

세 사람은 이스트 새너제이에 있던 데니스에서 만나 틈만 나면 작당모의를 했다. 커피를 엄청나게 주문해서 마셨고, 한자리에 네 시간쯤 앉아 있곤 했다. 세 사람에게 말이 되건 안 되건, 미래의 계획을 짜고 공상하는 일은 무척 즐거웠다.

> "우리는 아이디어가 소진되고 대화거리도 떨어질 때까지 앉아 있다가 집에 갔다. 그리고 돌아와서도 다시 이야기했다."
> "We just sat there until we ran out of ideas or ran out of things to talk about and go home and, you know, come back and do it again."[34]

엔비디아 초창기 풍경을 엿볼 수 있는 이야기가 《포천》에 소개된 적이 있다. 아파트 월세방에서 시작한 엔비디아는 이후 로런스 고속도로변에 있는 캘리포니아 서니베일로 이사했다. 엔비디아 최초의 세일즈맨이자 현재 부사장을 맡고 있는 제프 피셔Jeff Fisher는 "작은 사무실이었다. 탁구대에서 점심을 먹고 다른 사무실과 화장실을 같이 썼다. 주차장을 같이 쓰던 웰스 파고 은행은 강도가 들기도 했다"[35]라며 그곳을 회상했다.

게임을 좋아하는 마음과 패기가 30년 후 시총 1위 기업을 시작하는 원동력이 됐다. 고민되더라도 원하는 일이라면 일단 시작해 보는 것, 가난하지만 반짝이는 스타트업 정신이 지금의 엔비디아를 만든 것이다.

위기의 순간에 찾아온 기회

실리콘밸리의 큰손, 돈 밸런타인

부와 행복을 가져다줄 귀인을 만나면 사람의 팔자가 송두리째 바뀔 수 있다고들 한다. 특히나 그 귀인이 실리콘밸리의 큰손이라면 어떨까. AI 세계의 거물이 된 엔비디아 CEO 젠슨 황에게도 그런 귀인이 있었다. 그가 한 줌 피라미도 아닐 때 말이다. 그에게 다가온 귀인은 바로 실리콘밸리 전문 벤처캐피털인 세쿼이어캐피털 창립자인 돈 밸런타인Donald Thomas Valentine이다.

1972년에 세쿼이어캐피털을 창업한 밸런타인은 실리콘밸리 스타트업 사이에서는 정말 전설적인 존재다. 그는 '나무보다는 그 나무가 충분히 자랄 수 있도록 큰 땅을 만드는 게 먼저'라는 철학으로 투자사를 운영한 것으로 유명하다.

그의 가장 성공적인 투자 이력 중 하나는 개인용 컴퓨터 스타트업이었던 애플에 대한 투자였다. 1973년, 밸런타인은 작은 기업 아타리^{Atari}의 기술자였던 스티브 잡스를 처음 만나 개인용 컴퓨터에 대한 아이디어를 제안받았다. 그 잠재력을 알아본 밸런타인은 잡스의 스타트업에 15만 달러를 투자했고, 결국 1980년 애플은 창업 4년 만에 IPO를 했다.

세콰이어캐피털 임원인 로얼로프 보타^{Roelof Botha}는 "잡스는 처음에 관습에 얽매이지 않는 행동을 한 탓에 투자를 받지 못했다. 하지만 돈 밸런타인은 아이디어의 질을 우선시하고, 겉보기에 얽매이지 않았다"[36]고 설명했다. 애플을 비롯해 아타리, 시스코시스템즈, 오라클, EA, 구글, 유튜브, 페이팔^{Paypal}, 에어비엔비^{AirBNB} 같은 글로벌 회사들이 돈 밸런타인의 초기 투자를 받은 스타트업이었다.

이런 거물이 존재하지도 않는 시장을 겨냥해 새로운 제품을 내놓겠다는 아이디어만 가진 초짜 사업가 젠슨 황의 팀에 투자한 일은 지금도 실리콘밸리의 최고 화젯거리이다. 밸런타인의 투자가 없었다면 스타트업 엔비디아는 기지개도 켜지 못하고 주저앉았을 것이기 때문이다. 젠슨 황도 스스로 이렇게 회고했다.

"성공 가능성은 거의 제로였다."
"It had a roughly 0 percent chance of success."[37]

그가 풋내기 사업가를 선택한 이유

그렇다면 밸런타인은 무얼 보고 가난한 대만계 이민자인 젠슨 황에게 투자했을까? 그들은 사업 자금이 없었을 뿐만 아니라 사업 경력도 전무했다. 젠슨 황은 말주변도 없었다. 엔지니어로서 반도체기업 AMD에서 첫 직장 생활을 했고, 반도체 기업 LSI로직에서 10년 가까이 일한 것이 경력의 전부였다.

젠슨 황은 사업 기획서를 어떻게 쓰는지도 알지 못한 채 엔비디아를 창업했고, 회사의 자금 사정은 밑 빠진 독에 물 붓기였다. 그는 그때 이야기를 2024년 4월 24일 스탠퍼드대학 경영대학원의 연사 대담 시리즈 〈뷰 프롬 더 톱View from the Top〉에서 다음과 같이 털어놓았다.[38]

그는 투자 관련서를 찾으러 서점에 갔다가 '디지털 시대의 건축가'라 불리는 고든 벨Gordon Bell의 저서를 집어 들었다. 사업 기획서 쓰는 방법을 알려주는 450페이지짜리 책이었다. 곧장 책을 산 젠슨 황은 그 책을 몇 페이지쯤 획획 넘겨보다가 문득 '이 책을 다 읽을 때쯤이면, 나는 파산하겠지. 돈이 다 떨어지겠지. 아내 로리와 내 은행 계좌를 다 털어도 6개월이나 버틸 수 있을까. 우리에게는 이미 딸 매디슨, 아들 스펜서에 강아지까지 있는데. 시간이 없어'라고 생각했다.

마음이 급해진 그는 사업 기획서를 쓰는 대신, 다급히 전 직장 보스인 LSI로직 CEO 윌프레드 코리건Wilfred Corrigan을 찾아갔다. 마침 일전에 코리건이 그에게 전화를 걸어 "우리 회사를 떠났더군. 뭘 하고 있는지도 내게 말하지 않았고. 돌아와서 내게 설명해 주게"라고 말한 적이 있었기 때문이다.

젠슨 황이 코리건에게 사업 설명을 끝냈을 즈음, 코리건은 "난 자네가 무슨 말을 했는지 모르겠어. 내가 들어본 최악의 사업 계획 설명이로군"이라고 평했다.

동아줄이 될 법한 기회가 날아갔다는 생각이 뇌리를 스치는 순간, 전 보스가 전화기를 집어 들더니 누군가에게 전화를 걸었다. 그 상대가 바로 밸런타인이었다. 코리건은 "밸런타인, 내가 그리로 누군가를 보낼 걸세. 난 자네가 그에게 돈을 주었으면 해. 그는 내가 겪었던 LSI로직의 최고 직원 중 한 명이야"라고 말했다.

전 보스의 강력 추천으로 젠슨 황은 돈 밸런타인 앞에 섰다. 돈이 없어 회사가 날아갈 수도 있는 찰나에 천금 같은 기회를 잡은 그가 그 순간 얼마나 떨렸을지 누가 짐작할 수 있을까? 첫 만남에서 젊은 엔비디아 창업자는 온 힘을 다해 자신의 아이디어를 설명했다. 그리고 곧 돌아온 실리콘밸리 거물의 답.

"내 돈 까먹으면, 널 죽여버릴 테다."

젠슨 황은 이렇게 무서운 말을 들어본 적이 없었다. 사업 자금을 대주기는 하겠는데 실패하면 가만두지 않겠다니.

사실 전 보스의 추천이 돈 밸런타인의 마음을 돌려세우는 데 결정적이었다. 코리건도, 밸런타인도 사람을 알아보는 눈이 특별했던 것이다.

급변하던 시장 상황도 투자를 받는 데 한몫했다. 스티브 잡스가 애플을 창업한 지 10여 년 넘게 흐른 1993년은 게임 시장의 본격적인 르네상스가 막 열리던 시기다. 1990년대 게임 그래픽 수준은 픽

셀 단위를 넘지 못했지만, 게임 유저들은 더 화려한 고급 그래픽이 나오기를 내심 원하고 있었다. 게임을 좋아한 젠슨 황과 공동 창업자인 크리스 말라초스키, 커티스 프리엠은 앞으로 그래픽에 대한 수요가 증가할 것으로 예측해서 게임 및 멀티미디어 시장에 3D 그래픽을 도입하겠다는 비전을 품었고, 밸런타인은 그것이 될성부른 싹이었음을 알아본 것이다.

1995년 6월, 엔비디아는 세콰이어캐피털과 시에라벤처스^{Sierra} ^{Ventures}로부터 1차 투자를 받았고, 1996년 6월에는 2차 자금 지원을 받았다. 두 회사의 투자금은 창업 초기 엔비디아를 생존하게 해준 든든한 뒷배였다.

파도가 오지 않으면 바다 한가운데서 얼어 죽을 처지

젠슨 황과 한 배를 탄 밸런타인은 기업 경영과 생존에 대해 매서운 조언을 아끼지 않았다. 그는 "스타트업은 스타트업에 투자하지 않지. 혹은 스타트업은 스타트업과 파트너 관계를 맺지 않아"라고 말했는데, 이는 젠슨 황도 경험이 쌓이면서 절실히 공감하게 된 말이다. 스타트업 사이의 치열한 경쟁을 몸소 겪은 것이다. 당시 밸런타인이 엔비디아가 넘어서야 할 대상으로 지목한 스타트업은 1982년 5월에 창립한 게임 기업인 EA^{Electronic Arts}였다.

밸런타인의 투자 결정으로 젠슨 황과 인연을 맺은 인물이 한 명 더 있다. 현재 젠슨 황에 이어 개인으로서는 두 번째로 많은 엔비디아 지분을 보유한 벤처 투자자 마크 스티븐스Mark Stevens다. 당시 세콰이어캐피털 임직원으로서 돈 밸런타인의 수하에서 엔비디아 투자 작업에 관여한 마크 스티븐스는 1993년부터 2006년, 잠시 쉬었다가 2008년부터 지금까지 엔비디아 이사를 역임하며 엔비디아의 개인 지분을 확보해 왔다.

이런 인연으로 운 좋게 대부호가 된 그는 《블룸버그Bloomberg》와의 인터뷰에서 엔비디아 초창기를 회상했다.[39] "이 회사는 적어도 세 번은 망할 뻔했다. 젠슨 황이 한 가장 유명한 말은 '우리는 망하기 30일 전'이다. 지금은 우스갯소리같이 들리지만, 1990년대에는 현실이었다"라고 했다. "800~900만 달러짜리 회사가 시총 3조 달러가 넘으리라고는 누구도 예상하지 못했을 것이다"라는 말도 빼놓지 않았다.

1995년과 1996년에 세콰이어캐피털의 펀딩을 받은 엔비디아는 1997년 4월 RIVA 128을 출시해 처음으로 히트시키며 창업 초기의 파산 위기를 겨우 극복했다. 돈 밸런타인의 세콰이어캐피털은 휘청거리는 엔비디아를 보고도 그 기술력과 가능성에 기대를 걸고 경영과 재정에 도움을 주었다.

밸런타인의 채찍과 당근 덕에 야심작 NV1, NV2의 잇단 실패를 딛고 이를 악물며 재기한 젠슨 황은 마크 스티븐스에게 "엔비디아 창업 초기 3년 동안 회사와 내가 저지른 실수들만 가지고도 책을 한 권 쓸 수 있다"라고 말했다.

이 말을 들은 마크 스티븐스 역시 당시 엔비디아를 태평양 한가운데 떠다니는 서퍼에 빗대어 "큰 파도, 즉 시장의 파도가 오기를 기다리는데, 그것이 오지 않으면 해변에 도달하지 못하고 바다 한가운데서 얼어 죽을 처지였다"[40]라고 회상했다.

돌이켜보면, "내 돈 까먹으면, 널 죽여버릴 테다"라는 전설적 투자자의 무시무시한 일갈이 위대한 AI 신화의 시작이었던 셈이다.

그래 봐야 얼마나 어려우려고?

서점을 뒤져 건져낸 3D 그래픽 해법

누구에게나 인생의 특정 시점에서 깨달음이나 강한 인상을 받은 '인생 책'이 있다. 엔비디아 CEO 젠슨 황은 인생 책으로 두 권을 꼽는다. 첫 번째 책은 1992년에 나온 『오픈GL 매뉴얼북OpenGL Reference Manual』이다.

1992년에는 사상 최고의 3D 그래픽 집약체인 영화 〈쥬라기 공원〉의 티저 트레일러가 공개되었다. 3D 그래픽 열풍이 지구촌에 몰아쳤다. 이와 함께 1992년 실리콘그래픽스Silicon Graphics가 개발한 2D 및 3D 그래픽 표준 규격으로 프로그램 플랫폼 사이의 교차 프로그래밍을 지원하는 구성 요소인 '오픈GL'이 3D 그래픽 구현에 엄청난 역할을 했다.

오픈GL은 3차원 그래픽과 모델링 라이브러리로 이식이 쉽고 속도가 빠르며, 서로 다른 프로그램 사이에서 원활하게 구동되도록 가교 역할을 한다. 따라서 오픈GL은 당시로서는 3D 그래픽 혁명의 밑거름이 된 첨단 기술이었다. 문제는 최고의 게임 그래픽을 만들겠다는 일념으로 엔비디아를 창업한 세 친구가 오픈GL을 잘 알지 못했다는 점이다.

1996년 중반, 개발 중인 칩의 그래픽 방식이 당시 대세로 떠오른 마이크로소프트의 PC게임 플랫폼인 '다이렉트X'와 호환되지 않는다는 사실을 깨달은 젠슨 황은 세가의 양해를 구해 NV2 개발을 중단해서 도산을 모면했으나, 새로운 플랫폼에 적용될 수 있는 그래픽 기술이 무엇인지, 당장 어느 길로 가야 할지 몰랐다. 젠슨 황은 "나는 우리가 잘못된 방식으로 하고 있다는 건 이해했지만, 어떻게 해야 옳은 방식으로 하는 것인지는 알지 못했다"[41]라고 했다.

이번이 엔비디아가 사지에서 기어나와 회생할 수 있는 마지막 기회였다. 젠슨 황은 리더로서 자신이 그 대답을 찾아내야 한다고 생각했다. 자신을 믿고 회생의 기회를 준 세가와 실리콘밸리의 투자사들을 실망시키면 안 된다는 책임감을 느꼈다.

젠슨 황은 "우리에게는 단 한 번의 기회만 주어졌다. 그리고 우리에게 단 한 번의 기회밖에 없다면, 앞으로 나올 그 칩은 완벽해야 한다. 그런데 어떻게 최초로 완벽한 칩을 만들 것인가?"[42]라고 자신에게 물었다.

그는 프라이 전자Fry's Electronics라는 서점이 있다는 것을 기억해 내고는, 주말에 어린 딸 메디슨을 차에 태우고 급히 찾아갔다. 다행히도, 그가 찾던 『오픈GL 매뉴얼북』이 그곳에 있었다. 그 책이 새로운 그래픽 방법을 알려줄 구원의 동아줄이라고 여긴 그는 호주머니에 들어 있던 돈 200달러를 몽땅 털어서 『오픈GL 매뉴얼북』 세 권을 샀다. 한 권에 약 68달러나 했다.

흥분한 젠슨 황은 사무실로 달려가 두 친구와 직원들에게 이렇게 외쳤다. "여러분, 내가 찾아냈어. 우리의 미래를!"[43] 책 한가운데에 오픈GL의 파이프라인에 대한 설명이 자리하고 있었다. '비급'이 공동 창업자이자 컴퓨터 천재인 두 친구의 손에 들어갔고, 그들은 순식간에 비급의 '요결'을 체득해 냈다.

그는 2024년 4월 25일 〈뷰 프롬 더 톱〉에서 "우리는 아무도 해낸 적 없던 것처럼 오픈GL의 파이프라인을 구현해 냈고, 전 세계에서 볼 수 없었던 것을 만들어냈다"라고 그 순간의 환희를 표현했다.

이 사건은 엔비디아의 모든 구성원에게 엄청난 자신감을 불어넣었다. 그들은 망할지도 모른다는 불안감을 털어낼 수 있었다. 전혀 모르는 것과 맞닥뜨려도 전혀 주눅 들지 않는 배짱이 생긴 것도 이때다. 아무리 어려운 과업이 밀어닥쳐도, 젠슨 황은 여유를 불어넣는 '마법의 언어'를 중얼거린다. "그래봐야 얼마나 어려우려고?"[44]

근본적 변화와 위기의 순간을 캐치하다

또 다른 책은 전 인텔 CEO 앤디 그로브Andy Grove의 『편집광만이 살아남는다』였다. 젠슨 황은 이 책에서 '항상 위기'라는 경영철학을 배웠다. 그는 '앤디 그로브 학파'라 해도 무방할 정도다.

젠슨 황은 2023년 11월 9일《하버드 비즈니스 리뷰^{Harvard Business} Review》에서 개최한 콘퍼런스에 참가해 이와 같이 말했다.

> "회사는 항상 위태롭고, 우리는 그것을 느낀다. 생존이 보장된 회사는 어디에도 없다. 회사가 위태롭다고 느끼지 못한다면, 아마 그건 당신이 현실을 외면하고 있기 때문일 것이다."
> "The company is always in peril, and we feel it. There are no companies that are assured survival. If you don't think you are in peril, that's probably because you have your head in the sand."[45]

사실 젠슨 황의 이 말은 『편집광만이 살아남는다』의 내용과 별반 다르지 않다. 이 책은 비즈니스에서는 항상 예고 없이 근본적인 변화와 위기의 순간이 닥치는데 그 갈림길에서 어떻게 대응해야 하는가를 다룬다. '편집광만 살아남는다'는 모토와 '전략적 변곡점^{Strategic Inflection Point}'에 초점을 맞추었다.

앤디 그로브는 '편집광'이란 용어를 '일에 미친 사람'이 아니라, '항상 깨어 경계하는 사람 또는 그런 자세'라는 개념으로 사용했다. 또한 '전략적 변곡점'이란 '경쟁 방식부터 산업 구조까지 비즈니스를 둘러싼 모든 근본적인 것이 변화하는 시점'으로 정의했다. 전략적 변곡점에 어떻게 대응하느냐에 따라 미래가 결정된다는 시각이다.

앤디 그로브는 1936년 헝가리 출생으로 21세 때 단돈 20달러를 가지고 미국으로 건너갔다. 1963년 UC버클리에서 화학공학 박사 학위를 딴 뒤 반도체 업체 페어차일드Fairchild Semiconductor에서 경력을 쌓다가, 그 회사에 있던 고든 무어Gordon Moore와 로버트 노이스Robert Noyce가 1968년 인텔을 창립할 때 '인텔 1호 직원'으로 합류했다. 그는 일하며 체득한 모든 통찰을 이 책에 녹여냈다.

업계에서는 젠슨 황이 이끄는 엔비디아가 '기술적 급변'(앤디 그로브가 말하는 '전략적 변곡점')이 발생할 때마다 그 흐름을 읽고 선제적으로 대응해 최고 수혜자가 되는 상황에 빗대, "사과가 나무에서 떨어질 때, 젠슨 황이 검은 가죽 재킷을 입고 사과를 받기 위해 정확히 그 자리에 서서 기다린다"라는 우스갯소리가 나왔을 정도. 이를 들은 젠슨 황은 "항상 다이빙캐치하는 것 같다"라는 유머 섞인 말로 답했다.[46]

앤디 그로브의 두 가지 핵심 가르침을 그대로 실천하는 사람이 젠슨 황이다. 그는 2023년 10월 팟캐스트 〈어콰이어드Acquired〉에 출연해 앤디 그로브의 책을 매우 재밌게 읽었다고 했다.

사과가 떨어질 자리를 선점해 내는 젠슨 황의 '스승'이 엔비디아의 가장 큰 경쟁사인 인텔의 전 CEO라는 점은 아이러니하다.

회사는 항상 위태롭고, 우리는 그것을 느낀다.
생존이 보장된 회사는 어디에도 없다.
회사가 위태롭다고 느끼지 못한다면,
아마 그건 당신이
현실을 외면하고 있기 때문일 것이다.

위기 상황에서 리더가 할 일은 앞에 나서는 것

'IT계의 테일러 스위프트'가 고백한 의외의 성격

수시로 출렁이는 주가는 길들지 않는 야생마와 같다. 주가가 미끄러지는 이유는 좀 과장하면 100만 가지는 된다. 2000년 3월, 닷컴 버블을 타고 시총 1위를 찍으며 승승장구하던 네트워크 장비업체 시스코의 주가가 이듬해 거품이 빠지며 80퍼센트나 폭락한 사건은 어떤 주식도 안전하지 않음을 보여준다. 그러기에 기업공개IPO를 한 기업의 CEO라면 회사의 경쟁력을 끌어올리는 동시에 주가 관리를 잘해 투자자들의 돈을 지켜주어야 한다.

이런 걸 보면 주가 예측으로 먹고사는 사람들이 사기꾼이란 소리를 듣는 것은 당연한 업보일지도 모른다. CNBC 〈매드 머니〉의 짐 크레이머는 송곳같이 날카로운 주가 예측으로 이름을 날렸지만 그조

차도 헛다리 짚은 주가 예측 사례로 긴 목록을 만들 수 있을 정도다.

두 가지 사례만 들어보자. 짐 크레이머는 2012년 기업 문화가 무너졌다는 이유로 휴렛패커드^Hewlett Packard 매도를 외쳤다. 그러나 그의 조언과는 반대로, 휴렛패커드 주가는 6개월 내에 110퍼센트나 뛰어올랐다. 같은 해 넷플릭스^Netflix 주가 예측은 그보다 처참했다. 짐 크레이머는 매도 등급을 내놓았지만 주가는 6개월 안에 174.49퍼센트 상승했다. 주가는 짐 크레이머의 예측과 반대로 간다는 '역크레이머 효과'라는 신조어가 만들어지기도 했다.

3개월마다 어김없이 열리는 엔비디아의 기업 실적 발표에 직접 나서는 젠슨 황은 웬만해서는 월가와 투자자를 실망시키지 않는다. 하지만 그 역시 "영원한 것은 없다"는 증권가의 격언을 알고 있다. 젠슨 황은 전 세계에서 열리는 온갖 콘퍼런스, AI 및 IT 행사 무대에 선다. '테크계의 테일러 스위프트'라는 별명이 괜히 붙은 게 아니다.

젠슨황은 무대를 즐기는 외향적 성향인 걸까. 그는 자신이 CEO의 책무를 다하는 것일 뿐, 그런 무대는 성격에 전혀 맞지 않는다고 고백한다. 그는 2024년 4월 25일 〈뷰 프롬 더 톱〉에서 "불행하게도, 리더는 공개적으로 모습을 드러내야 한다. 그게 힘든 부분이다"라고 털어놓기도 했다.

이 말을 정확히 이해하려면, 젠슨 황을 이루는 키워드를 이해할 필요가 있다. 그의 과거를 살펴보면 '엔지니어링 전공자' '대만계 이민자' '대학 조기 진학' 등의 키워드를 추출할 수 있다. 하나같이 활발한 성격과는 거리가 먼 배경들이다. 두문불출하고 죽어라 컴퓨터 모니터와 씨름하는 엔지니어였고, 미국 사회에서 비주류로 취급받는 아시아계 이민자 출신인 데다, 형뻘의 동기들과 어울리기 어려운 조기 입학자였던 그가 외향적인 성격을 지니기란 힘들었을 것이다.

젠슨 황은 자신의 진짜 성격을 "내성적introvert"이고, "부끄러움을 탄다shy"고 표현하며 나서기를 좋아하지 않는다고 말한다.[47] 심지어 어려운 일이 닥치면 밖에 나가지 않고 혼자 있는 시간을 갖는다. 사회생활을 하다 보면 '잠수형 인간'이라 불리는 사람을 종종 마주치는데, 자신은 그런 유형에 더 가깝다는 것이다.

세계 금융위기의 태풍에 맞서 빛을 발한 CEO의 태도

회사에 위기가 닥쳤을 때 젠슨 황이 보였던 의연한 표정과 태도는 그의 성격과는 반대였다. 그는 주가가 80퍼센트 떨어졌을 때의 회의 분위기를 상상할 수 있느냐며 CEO로서 가장 어깨가 무거웠던 순간을 언급했다.

2008년 세계 금융위기 당시 엔비디아 역시 최악의 위기를 맞았다. 주가가 80퍼센트 가까이 폭락한 것이다. 1999년 1월 22일 첫 거래일 종가 0.04달러로 나스닥에 진출한 엔비디아 주가는 2007년에 0.92달러까지 올랐다. 그러나 세계 금융위기의 소용돌이가 몰아친 2008년 10월 23일에 엔비디아 주가는 0.16달러로 급락했다. 고점인 0.92달러에서 저점인 0.16달러 구간을 계산하면 대략 80퍼센트에 가까운 손실이었다. 불과 1년 만에 벌어진 대폭락이었다. 미국 증시에서 투매 대상이 된 중소형 주식들이 종종 겪는 비극이다.

2008년 금융위기는 젠슨 황과 엔비디아에 감당하기 어려운 고통의 시간이었다. 제품 주문이 뚝 끊겨 자금이 고갈됐고, 냉혹해진 시장 상황과 맞물려 파트너 겸 경쟁사였던 AMD, 인텔과의 관계에도 큰 변화가 일어났다. 특히 인텔이 기술과 자산을 공유하는 협정을 중단하는 바람에, 엔비디아는 진입해 있던 빅 마켓에서 밀려났다. 분쟁이 발생했고, 2011년 인텔이 엔비디아에 15억 달러를 지불하며 이 사건은 간신히 일단락됐다.

엔비디아의 자금 위기는 파산을 걱정할 정도로 심각했다. 정면 돌파를 결심한 젠슨 황은 전 직원들에게 엔비디아가 벼랑 끝에 몰렸다는 사실을 알렸다. "우리는 폐업 30일 전"[48]이란 '주문'을 또다시 외울 수밖에 없었다.

물론 『오즈의 마법사』에 나오는 도로시의 집처럼 세계 금융위기의 돌풍에 날아가버린 회사는 엔비디아만이 아니었다. 2008년 9월 세계적 투자은행인 미국의 리먼브라더스Lehman Brothers Holdings Inc.와 메릴린치Merrill Lynch가 파산 위기에 몰리면서 세계 금융시장 전체가 대혼돈에 빠져들었다.

미국 정부는 주택담보대출 부실로 유동성 위기에 처한 미국의 주택금융회사와 투자은행 및 보험회사 등에 수천억 달러의 자금을 지원하겠다고 밝혔으나, 갑작스러운 위기에 금융회사들은 세계 각국에 투자해 두었던 자금을 회수했고 통화 가치와 주가가 급락했다. 세계 곳곳에서 '자산 담보 대출 → 자산 가격 거품 붕괴 → 대출금 회

수 부진 → 금융회사 파산'의 악순환이 발생했고, 앨런 그린스펀^{Alan}
^{Greenspan} 전 연준이사회^{FRB} 의장은 그 상황을 100년에 한 번 올까 말
까 할 정도로 큰 위기라고 진단했다. 모두들 "도망쳐!"를 외쳤고, 당
시 잘나가던 애플조차 주당 6달러대로 거래되다가 2009년 1월에는
3달러 아래로까지 내려갔다. 아무도 예상치 못한 50퍼센트 이상의
추락은 투자자들을 패닉에 빠뜨렸다.

그러나 이 같은 폭락도 그다지 놀랄 일은 아니다. 나스닥에서는 언
제든 일어날 수 있는 일이기 때문이다. 좋은 기업이라면 반등할 것이
고, 투자자들의 신뢰는 곧 돌아오기 마련이다. 이럴 때일수록 투자자
들에게 믿음을 주고 비전을 제시하는 경영자의 태도가 중요하다. 성
격에는 맞지 않지만, 젠슨 황은 그것이 자신의 소임임을 알기에 피하
지 않고 짊어졌다.

그는 위기의 상황에서 회사로 몰려오거나 멀찍이서 사태를 관망
하는 업계 관계자 혹은 투자자들, 심지어 내부 임직원들까지 '우리는
망했어'라거나 'CEO가 바보천치'라고 생각할 수 있다는 사실도 염
두에 두었다. 인간은 자신의 돈이 걸리면 온갖 억측을 하는 존재가
아닌가? 그는 이렇게 말했다.

"CEO로서 내가 해야 하는 가장 중요한 일은 나와서 사람들을 상
대하고 설명하는 것이다."
"The most important thing I have to do as the CEO is this, to
come and face you, explain it."[49]

여기에 더해 그는 "나 역시 위기의 이유나 그것이 얼마나 오래갈지, 얼마나 나쁜 위기인지를 다 알지는 못한다. 그렇지만, CEO는 여전히 설명하고, 모든 사람들을 대하면서 그들이 생각하는 것을 알아야 한다"[50]라고 했다. 자신이 답을 모른다고 해서 의무가 사라지는 것이 아니란 뜻이다.

엔비디아 공동 창업자로서 30년 이상 기업을 운영하면서 수차례 회사 문을 닫을 뻔한 적도 있고, 80퍼센트나 주가가 증발한 적도 있었다. 이런 경험 속에서 젠슨 황의 중요한 특징이 보인다. 대위기가 닥쳐와도 온갖 불안과 의심을 품은 사람들의 태도와 감정, 생각을 읽어내고 파악하려 했다는 점이다.

뒤돌아보면, 2008년 금융위기, 자금난, 경쟁 업체들의 공세 등은 '좀비 CEO' 젠슨 황의 '맷집'을 길러주었다. 금융위기의 소용돌이 속에서 주저앉은 이들도 많았지만, 젠슨 황은 모든 위기를 기업 경영의 자산으로 삼았다.

2장

대체 불가의 기업 철학

"위대함은 고통라 고난에서 나온다"

지적 정직성
실패를 포용하다

실패를 인정하지 않는 조직에서 일어나는 일

단테의 『신곡』에는 지옥에서도 거부한 죄인들이 등장한다. 그들은 지옥 문 밖에서 참혹한 고통에 울부짖는다. 이를 보고 깜짝 놀라 사색이 된 단테가 길잡이 베르길리우스에게 그들이 누구인지 묻는다.

베르길리우스는 "치욕도 없고 명예도 없이 살아온 사람들의 괴로운 영혼들이 저렇게 처참한 상태에 있노라. (……) 하늘은 아름다움을 지키려고 그들을 내쫓았고, 깊은 지옥도 그들을 받아들이지 않는데, 그들에게는 사악함의 명예도 없기 때문이다"[1]라고 답한다. 자신의 임무를 제대로 찾지도, 추구하지도 않은 게으른 인간, 즉 비겁한 사람을 가리킨다. 인간으로서 타고난 지성을 최대한 발휘하지 못하고 이리저리 빠져나가면서 비겁하게 살아가는 태도를 지옥에서도 상종하지 않을 죄악으로 규정한 것이다.

조직 생활을 하다 보면, 문제가 생겼을 때 그것을 자신의 실수라고 인정하는 사람을 찾아보기 어렵다. 일단 불리한 입장에서 벗어나거나 책임을 모면하려 한다. 스스로를 합리화하고 책임을 다른 사람에게 돌리는 방어기제가 인간의 본성이기 때문이다. 기업에서 이러한 분위기나 문화가 만연하면 원인 파악은 뒷전이고 실패에 대한 책임을 전가하고 서로 헐뜯는 데 급급해진다. 큰 조직이라면 부서 대 부서의 싸움으로 발전할 수도 있다. 문제는 발생했는데 누구도 책임질 사람은 없는 기막힌 상황이 벌어지는 것이다.

삼성전자 반도체 부문을 이끈 전영현 부회장도 2024년 삼성의 경쟁력 약화 원인으로 잘못된 조직문화를 지목하며 반성했다. 그는 "현재를 모면하기 위해 문제를 숨기거나 회피하고, 희망치와 의지만 반영된 비현실적 계획을 보고하는 문화가 퍼져 문제를 더욱 키웠다"[2] 라고 강조했다.

경험으로 체득한 핵심 가치

이러한 문제는 어느 조직에서나 일어난다. 엔비디아 CEO 젠슨 황은 실패를 용인하지 않는 조직문화가 기업을 망치는 근원이라고 보고, 창업 초기부터 '지적 정직성intellectual honesty'를 엔비디아 운영의 핵심 가치로 강조해 왔다.

"지적 정직성 없이는 실패를 포용하려는 문화를 만들 수 없다. 사람들은 나쁠 것 같거나 효과 없는 아이디어에 집착하면서, 거기에 자신의 평판이 결부되어 있다고 생각한다. 그런 사람들은 결코 실패를 인정하지 않는다."

"Without intellectual honesty, you can't have a culture that's willing to tolerate failure because people cling too much to an idea that likely will be bad or isn't working and they feel like their reputation is tied up in it. They can't admit failure."[3]

실패를 인정하지 않으려는 조직에 어떤 일이 일어날까? 이에 대한 엔비디아 CEO의 입장은 아주 확고하다. 그는 "결국 나쁜 아이디어에 과한 노력을 쏟아넣어 회사 전체를 위태롭게 만든다"[4]라고 결론 내렸다.

젠슨 황의 핵심 가치인 지적 정직성은 사실 '실패의 미학'인 셈이다. 기업문화 차원에서 진실을 추구하고, 실수에서 배우고, 배운 것을 공유하는 지적 정직성은 초창기 엔비디아가 잘못된 사업 방향을 설정하여 망하기 직전까지 몰린 경험에서 젠슨 황이 직접 체득한 소중한 자산이다.

'순수한 사람'을 높이 평가하라

'외유내강'의 대명사로 불리는 젠슨 황이지만, 지적 정직성만큼은 매우 강력하게 요구한다. 한번은 그가 회의 중 지속적으로 여러 가지 실수를 저지른 프로젝트팀을 강하게 추궁한 적이 있었다. 젠슨 황은 침묵을 지키고 있는 프로젝트팀에 물었다. "당신들이 망쳤나요?" 프로젝트팀이 아무 말도 하지 않자, 그는 이렇게 요구했다. "당신들이 망쳤다면, 일어나서 모두에게 당신들이 망쳤다고 말하세요."

이는 엔비디아 CEO가 지적 정직성을 지키지 않는 태도를 절대 그냥 넘기지 않음을 보여주는 일화다. 실제로 엔비디아 구성원들은 누구든 자신이 저지른 실수를 타인들에게 공개적으로 고백하는 행사를 열 정도다.

앞서 젠슨 황에게 혼난 프로젝트팀은 어떻게 됐을까? 젠슨 황은 그들에게 잘못을 시인하게 한 다음, 이렇게 말했다. "도움이 필요하면 요청하세요." 젠슨 황은 그 자리에서 프로젝트팀이 가진 문제에 함께 달라붙어 해결책을 찾아주었다. 개인 혹은 작은 조직이 혼자 끙끙 앓다가 문제를 더 키워서 조직 전체에 '폭탄'이 되지 않도록 방지하는 시스템이다.

그래서 그는 "나는 순수한 사람을 높이 평가한다"[5]라고 말한다. 실수를 인정하고, 배우고, 고쳐나가는 사람들은 순수하다는 의미이다. "나는 스페이드를 스페이드라 부를 수 있는 사람들을 좋아한다. 옳은 것을 옳다고, 그른 것을 그르다고 할 수 있는 사람들 말이다."[6]

그에 따르면, 지적 정직성을 가진 사람은 자신을 꾸미지 않는다. 교묘한 말로 본질을 흐리지 않고, 진실을 말하고 행동하며, 마음으로 동료들을 움직인다. 젠슨 황은 "기술로 일을 다루지만, 가슴으로 이끌어가야 한다고 믿는다. 자신이 그 일을 사랑하지 않으면, 당신이 하는 일을 타인이 사랑하도록 할 수 없다"[7]라고 했다.

결국 진실을 추구하고 진심으로 일하지 않으면 위대한 결과를 만들어낼 수 없다는 것이 그의 지론이다. 지적 정직성은 용기와 비겁함의 문제이기도 하다. 그는 비겁한 사람은 지옥에도 들어가지 못한다는 단테의 글을 읽었는지도 모르겠다.

젠슨 황이 제시하는 지적 정직성은 개인의 차원을 넘어 조직이 위대함에 이르는 결정적 자질이라 할 수 있다. 이를 바탕으로 실패를 조직 차원에서 포용하고, 새로운 것을 시도해 볼 수 있는 자유가 주어진다. 지적 정직성 앞에 비겁함은 설 자리가 없다.

지적 정직성 없이는
실패를 포용하려는 문화를 만들 수 없다.
사람들은 나쁠 것 같거나
효과 없는 아이디어에 집착하면서,
거기에 자신의 평판이
결부되어 있다고 생각한다.
그런 사람들은 결코 실패를 인정하지 않는다.

민첩성
프로젝트가 보스다

픽사 CEO 스티브 잡스의 '스톱 버튼'

픽사 CEO 스티브 잡스의 '스톱 버튼'

조직의 보스는 나머지 조직원들의 생존에 막대한 영향을 미친다. 그의 결정으로 조직 전체가 흥하기도, 망하기도 하기 때문이다. 조직원은 보스의 지시에 복종할 수밖에 없다. 보스는 "내가 틀리든, 맞든 내 지시만 따르라"라고 강하게 외칠 수 있다. 지시를 따르지 않는 조직원을 조직에서 쳐낼 권한도 갖고 있다. 직간접적으로 생살여탈권을 가진 셈이다. 보스는 조직 내 권위의 상징이다. 아주 강력한 권위를 가진 보스라면 '빅 보스Big boss'라고 불린다.

수평적 문화가 중시되는 요즘의 기업문화에서 요구되는 인재상인 '리더'는 보스와 어떻게 다를까? 리더는 조직원 전체가 발전할 수 있도록 방향성을 제시하는 사람이다. 그러므로 리더의 경우 반드시 최상층의 직급을 가리키는 것은 아니다. 어떠한 조직에 각각의 층위마다 제 역할을 하는 리더들이 포진해 있다면 매우 탄탄한 조직으로 볼 수 있다.

그러나 큰 조직일수록 모든 조직원이 고개를 숙일 보스가 필요하다. 중차대한 결정을 내리는 보스의 입지가 약하면 조직은 사분오열될 수도 있다. 때로 보스는 강한 리더십과 결단력을 보여주어야 한다. 기업 운영이 결국 '사람을 쓰는 일'이라고 하면, 인적 자원을 배분하고 사용하는 데 보스의 능력이 최대한 발휘되어야 한다.

여러 유형의 보스가 있겠지만, 조직을 능력 대신 공포로 통치하려는 보스는 인사 발령을 지나치게 자주 낸다. 그러면 '눈치 보기'와 '줄 서기'가 조직의 문화로 굳어진다.

'냉철한 보스'하면 스티브 잡스가 떠오를 텐데, 그는 보스로서 픽사의 사활이 달렸던 〈토이 스토리〉 프로젝트에서 결단력을 발휘했다. 〈토이 스토리〉는 디즈니가 픽사에 제작을 맡기는 형태로 제작되기로 했는데, 중간에 디즈니가 관여하면서 스토리가 엉망이 됐다. 이때 잡스는 기존에 픽사가 진행하던 방향으로 스토리 수정을 밀어붙였다. 픽사 팀은 3개월 후 수정된 대본을 들고 디즈니에 찾아가 제작을 허락받는다. 방향이 잘못됐음을 알았을 때 즉각 되돌리는 그의 결단력이 아니었다면 우리가 아는 〈토이 스토리〉는 탄생하지 못했을 것이다.[8] 이것은 누군가는 해야 하는 아주 어려운 결정이 있는데 그것을 떠맡은 자리가 보스라는 점을 확인시켜 준다.

그러면 조직을 발전시키는 이상적인 보스는 어떤 유형일까? 단순화하자면, 위에서 말한 보스와 리더를 합한 인물이 아닐까? 대학교 도서관에서 취업을 준비하는 학생들은 그런 보스가 있는 직장에 다니기를 매일 기도해야 할 것이다.

그렇다면 엔비디아의 CEO 젠슨 황은 어떤 보스일까? 엔비디아 직원들은 한결같이 '요구가 많은, 완벽주의자인, 맞춰서 일하기 쉽지 않은' 보스라고 한다. 젠슨 황이 직원들에게 요구하는 업무의 수준이 꽤나 높음을 짐작할 수 있다.

반도체 기판에 대한 열정을 지니고 환생한 나폴레옹

젠슨 황 역시 인정한다. 그는 CNBC 프로그램 〈식스티 미니츠 60minutes〉와의 인터뷰에서 직원들이 자신을 완벽주의자라고 부르는 데 대해 "그럴 것이다. 평범하지 않은 일을 하길 원한다면, 일이 쉬울 리 없다"라고 답했다.

사실 실리콘밸리나 뉴욕 월가의 일류 기업들이 젠슨 황보다 낮은 기준을 갖고 있다고 생각하면 오산이다. 예를 들어 미국 최고의 헤지펀드에 속하는 시타델Citadel은 창업자 켄 그리핀Ken Griffin의 기업관에 따라 최고 수준의 인재만을 원하며, 입사자에게 스스로 그 점을 입증해 낼 것을 요구한다. '우수한 인재' 정도로는 안 되고, 꼭 금융이 아니더라도 어떤 분야에서든 최고를 경험한 인재를 뽑는다. 《월 스트리트 저널》은 "실제로 이 회사 직원 중에는 역도 선수나 체스 그랜드마스터 등 금융 외 분야에서도 최고 수준의 실력자들이 있다"라고 했다. 직원들에 대한 경영진의 기대치는 '냉혹하다'라는 말이 딱 맞다.

한편 젠슨 황이 평소 신념처럼 생각하는 보스의 개념을 상징적으로 보여주는 표현이 있다.

"그 누구도 보스가 아니다. 프로젝트가 보스다."
"Nobody is the boss. The Project is the boss."[9]

이 말은 사람에게 충성하지 말고, 자기가 맡은 프로젝트를 보스처럼 여기라는 뜻이다. 구성원 모두 이런 생각을 공유한다면, 윗사람에게 잘 보이려고 고민하거나 눈치 보는 사람은 없을 것이다. 그럴 시간에 프로젝트를 해내는 데 집중해 성과를 내어 자신의 가치를 높이고 미래를 보장받는 게 더 나은 방법일 테니까 말이다.

한편 젠슨 황에게는 '나폴레옹'이란 평가가 따라붙기도 한다. 알프스를 넘도록 명령한 나폴레옹처럼 풀기 어려운 숙제를 잔뜩 던지기 때문일까? 시작하는 글에서 말했듯, 결제회사 스트라이프의 CEO 패트릭 콜리슨은 그를 "반도체 기판에 대한 열정으로 환생한 나폴레옹이다"[10]라고 설명했다. 특히 젠슨 황의 추진력, 결단력 등에 무게를 둔 시각이 아닌가 한다.

엔비디아가 시총 3조 달러를 넘다 보니, 젠슨 황의 리더십은 더욱 궁금증을 불러일으킨다. 트리니티비즈니스스쿨의 조직행동 전문 교수 블라디슬라프 리브킨Wladislaw Rivkin은 CNBC와의 인터뷰에서 젠슨 황을 과제 지향적 리더십이라고 규정했다. 이런 유형의 보스는 일을 해내고, 큰 목표를 설정하고, 성과를 관리하는 데 가치를 둔다는 것이다. "그 누구도 보스가 아니다. 프로젝트가 보스다"[11]라는 젠슨 황의 생각을 꿰뚫는 정확한 지적이다.

프로젝트 사이를 민첩하게 오가는 직원들

엔비디아의 조직원들은 어떻게 움직일까? 《월 스트리트 저널》은 엔비디아의 젊은 직원들은 책임이 따르는 대형 프로젝트에 투입된다고 보도했다. 엔비디아가 선도적인 AI 기업의 지위를 잃을 수 있다는 불안감 속에서 직원들이 끊임없이 혁신을 추구한다는 것이다.[12]

엔비디아에서 2년 동안 제품 관리 업무를 담당하다가 소프트웨어 회사 퀘스트랩스AIQuest Labs AI를 공동 창업한 데브파나 프라티허Debparna Pratiher는 "엔비디아 직원들은 겸손하지만 미로 속의 쥐와 같다. 치즈를 찾고, 다음 프로젝트를 찾고, 다음 점프할 방법을 찾아 이리저리 뛰어다닌다"[13]라고 밝혔다. 직원 3만 명이 넘는 거대 조직이 스타트업처럼 기민하게 움직이는 기업 문화를 유지한다는 것이다.

2010년대 초에 엔비디아에 근무했던 영국 반도체 칩 설계 기업 Arm의 CEO 르네 하스Rene Haas도 《파이낸셜 타임스Financial Times》와의 인터뷰를 통해 "젠슨 황은 일반적인 관리 계층보다 프로젝트에 우선순위를 두는 조직을 구축했다. 필요한 답을 얻기 위해 어느 계층으로든 접근할 수 있고, 이는 매우 독특한 문화로 투명성과 속도라는 강점이 있다. 엔비디아는 매우 빠르게 움직이고 목적의식이 매우 뚜

렷하다"[14]고 설명했다.

여러 증언을 종합해 보면, 보스가 요구하는 높은 업무 목표와 톱 니바퀴처럼 돌아가는 프로젝트 때문에 엔비디아 직원들이 압박감을 느끼는 것은 부인할 수 없는 사실이다. 하지만 놀랍게도 MZ세대를 포함한 엔비디아 직원들의 이직률이 미국 기업 전체에서 가장 낮다. 가장 높은 기술력을 추구하는 엔비디아 출신이라면 어느 기업이든 이직할 수 있는데도 말이다. 그만큼 이 회사에 다니는 장점이 단점보 다는 크다는 점을 보여준다.

영국 임페리얼칼리지 비즈니스스쿨의 조직행동 및 리더십 전문 교 수인 산칼프 차투르베디Sankalp Chaturvedi는 "직원들의 근속 연수가 긴 것은 젠슨 황이 조직을 잘 운영하고 있음을 보여준다"[15]라는 견해를 밝혔다.

보스가 어려운 숙제를 잔뜩 던지는 기업에 오래 다니는 이유가 뭘 까? 조직원들이 수긍할 만한 '나름의 합리성'을 가지고 조직이 돌아 가기 때문이다. 그 합리성을 유지하는 것은 두 가지의 원리다.

첫째, 엔비디아 조직원들은 조직의 발전이 곧 개인의 발전이라는 생각을 체득했다. 프로젝트를 수행해 내고 그 엄청난 성과를 경험하 면서, 자신이 충분히 보상을 받을 뿐 아니라, 함께 성장했다고 느끼 기 때문이다. 그것은 조직에 대한 높은 자부심으로 이어지는데, 스 스로를 '엔비디안'이라고 부르는 것이 그 증거다.

두 번째도 놓칠 수 없는 포인트다. "그 누구도 보스가 아니다. 프로 젝트가 보스다"라는 말을 젠슨 황이 충실히 지키고 있기 때문이다.

보스의 말이 허언인지 아닌지는 조직원이 가장 빨리 구분해 낸다.

젠슨 황과 회사에 대한 엔비디아 직원들의 신뢰는 상상 이상이다. 엔비디아 초기 사원이자 고객 담당 부서를 운영하는 제프 피셔는 파이어족이 될 만큼 부를 쌓았는데도 계속 일하는 이유에 대해 "우리는 임무를 믿는다"[16]라고 답했다.

그 누구도 보스가 아니다.
프로젝트가 보스다.

창의성

삼각형의 공간에서
흘러넘치는 아이디어

회사를 구한 '복덩어리' 삼각형

미국 캘리포니아주 샌타클래라에 자리한 엔비디아의 사옥을 방문한 사람이면 누구나 시각적으로 깨닫는 사실이 한 가지 있다. 어디를 가도, 어느 곳으로 눈길을 돌려도 우리 망막에 새겨지는 모양이 삼각형이라는 점이다.

사옥은 각각 '보이저the Voyager'와 '엔데버the Endeavor'라는 이름이 붙은 두 개의 큰 건물로 구성되어 있는데, 각 건물은 하늘에서 내려다보면 날카로운 모서리를 잘라낸 삼각형의 우주선이 지상에 내려앉아 있는 것 같다. 여기서 약 10킬로미터 떨어진 곳에 있는 애플의 원형 사옥과는 대조적이다.

유리 건물 내부는 삼각형 테마파크라 할 수 있을 정도다. 햇볕이 쏟아져 들어오는 머리 위의 채광창도 수많은 삼각형 패널의 조합이다. 로비 소파와 화장실의 물 튀김 방지대, 건물을 지탱하는 교차 버팀대를 비롯해 바닥 타일, 컴퓨터 화면 가림판, 창문 스티커, 식당 카운터마저 모두 삼각형으로 된 '삼각형 세상'이다. 심지어 삼각형 안에 또 다른 삼각형이 들어 있다. 젠슨 황도 이에 대한 감탄을 드러냈다.

"엔비디아 빌딩의 실루엣! 그것은 삼각형으로 이루어져 있다."
"The silhouette of Nvidia's building! It's composed of triangles."[17]

삼각형은 왜 엔비디아의 시그니처가 되었을까? 중국인에게 숫자 '8'이나 '福'이라는 한자가 행운의 상징이듯, 젠슨 황과 엔비디아에는 삼각형이 네잎 클로버와 같은 행운의 기호이기 때문이다.

1996년 세가와 계약을 맺고 게임 콘솔 '세가 새턴Sega Saturn'에 들어가는 3D 그래픽 작업을 하던 엔비디아는 3D 그래픽을 구성하는 기본 단위로 사각형 폴리곤을 사용하고 있었다. 세가 콘솔의 3D 게임이던 버추얼 〈파이터Virtual Fighter〉나 〈툼 레이더Tomb Raider〉 등의 캐릭터 및 배경을 구성하는 폴리곤 역시 사각형이었다.

그런데 이 무렵 마이크로소프트가 PC 운영체제OS인 '윈도우'에서 3D 그래픽을 담당하는 '다이렉트X'에 삼각형 폴리곤만 지원하겠다고 발표했다. 젠슨 황은 3D 그래픽의 대세가 삼각형 폴리곤으로 기울었다는 사실을 뒤늦게 깨달았다. 사각형 폴리곤에서 삼각형 폴리곤으로 바꾸는 것은 회사의 시스템 전체와 작업 방식을 전환해야 할 만큼 중대한 결단이었다. 시간을 끌지 않고 삼각형 폴리곤을 채택한 젠슨 황은 회사를 구한 성공작을 만들어냈고, 이는 1993년 창업한 이래 엔비디아가 경험한 첫 번째 큰 행운이었다.

미래에 발을 디뎌라

공간은 그곳을 꾸미는 사람의 머릿속 풍경이라 할 수 있다. 젠슨 황은 자신에게 행운을 가져다준 삼각형으로 꾸민 건물의 곳곳을 유목민처럼 떠돌아다니는 것을 무척 좋아한다.

엔비디아의 본사 인테리어에는 또 다른 맥락이 숨어 있다. 젠슨 황은 영화 〈스타 트렉Star Trek〉의 우주선에서 아이디어를 얻어 이 건물을 지었고, 임직원들이 엔비디아 본사에 들어선 순간 미래에 발을 디디고 있는 듯한 느낌을 받고 영감을 얻도록 했다.

엔비디아의 공간은 젠슨 황의 모토인 '지적 정직성'과 진실을 추구하는 과학적 탐구 정신으로 충만하게끔 운영된다. 우주선을 모티브로 조성한 이 공간은 자유롭고 창의적인 아이디어들을 샘솟게 하는 것을 목적으로 한다. "훌륭한 아이디어는 누군가로부터, 어디서든 나올 수 있다. 문제는 그러한 아이디어들이 흘러넘칠 수 있는 환경을 만드는 것이다"[18]라는 그의 말에서, 엔비디아라는 기업이 우수한 인재가 모여 있는 집단 지성의 전당임을 알 수 있다.

젠슨 황은 문제를 해결하기 위해서라면 120만 평방피트(약 11만 1,500제곱미터)의 엔비디아 공간에서 어디든 달려가는 것으로 유명하다. 업데이트된 사업 현황이 만족스럽지 않으면 그는 모든 일정을 취소하고 실시간으로 그 작업에 주력한다. 엔비디아의 공간 내 어디에 있든, 어떤 업무를 맡은 사람이든, 어떤 직급이든 상관없이 CEO와 함께 촌각을 다투어 그 문제를 해결해야 한다. 물론, 그곳엔 사각형 테이블이 놓여 있지는 않을 것이다.

회복탄력성
위대함을 완성하는 핵심

똑똑한 사람들의 치명적인 약점

"캐릭터가 운명이다." 고대 그리스 철학자 헤라클레이토스의 유명한 격언이다. 여기서 캐릭터는 한 인간의 내면에 자리한 고유한 기질이나 성격을 가리킨다. 한 인간의 운명에 영향을 미치는 여러 요소가 있겠지만, 그의 성격이 전 인생을 결정한다는 의미이다.

셰익스피어가 『햄릿』에서 은연중에 드러낸 것은 햄릿이라는 인간의 우유부단하고 자학적인 성격이다. 햄릿은 선왕인 아버지가 삼촌에게 살해당하고, 삼촌이 어머니를 차지해 왕의 자리를 꿰찼다는 비밀을 알게 된 왕자다. 이때 다양한 경우의 수가 가능하다. 하지만 삼촌을 죽이고 정의를 실현하기에는 자신이 너무 힘이 없다고 느낀다. 마음속으로는 복수심이 부글부글 끓지만, 내색조차 할 수 없다. 그는 이러지도 저러지도 못하는 자신의 처지를 이렇게 표현했다.

"죽느냐 사느냐, 그것이 문제로구나."[19]

고민하던 햄릿은 미친 척을 하기로 했다. 삼촌의 의심을 피하기 위한 전략이었지만, 햄릿의 자학적 언행은 연인 오필리아를 죽음으로 몰고 간다. 광인처럼 굴며 삼촌을 처벌하려 했을 뿐인데, 예상치 못하게 오필리아의 오빠와 모친의 죽음까지 불러온 것이다. 햄릿을 비롯해 이 사건과 관여된 모든 인물이 죽음의 사신에게 끌려간다. 이 사건을 증언해 줄 햄릿의 친구 호레이쇼만 빼고 말이다.

햄릿의 비겁한 캐릭터 때문에 비극의 규모가 극단적으로 커졌다. 어찌 보면, 원래는 햄릿 한 사람에 국한된 비극이었다. 그가 선왕의 죽음과 관련한 비밀을 알았을 때 차라리 멀리 떠났거나 장렬히 싸우다 죽었다면, 혹은 과감하게 암살을 시도했다면 어쩌면 악당만 죽일 수도 있지 않았을까?

성격으로 인해 인생이 다른 행로로 접어든 이는 햄릿뿐이 아니다. 그리스 신화에서 매일 독수리에게 간을 쪼아 먹히는 프로메테우스의 고통을 떠올리며 미간을 찌푸릴 수도 있지만, 사실 그 고통은 프로메테우스가 자초한 것이다. 제우스는 신들의 불을 훔쳐 인간에게 전해 준 죄를 저지른 그를 회유하지만, 고집쟁이 프로메테우스는 그 기회도 차버린다. 그의 성격이 고통을 불러온 셈이다. 그래도 프로메테우스의 고집은 어느 정도 보상받았다고 할 것이다. 독일의 대문호 괴테로부터 만고의 영웅이란 칭송을 받았으니 말이다.

위대함은 성격에서 비롯된다

놀라운 것은 젠슨 황이 2024년 3월에 스탠퍼드대학에서 열린 2024 SIEPR 경제 서밋에서 꺼내 든 주제 역시 '캐릭터'였다는 점이다. 기업의 운명, 기업 성패의 열쇠가 바로 캐릭터에 달려 있다는 점을 강조한 연설이었다.

"위대함은 지능이 아니다. 위대함은 캐릭터에서 비롯된다."

"Greatness is not intelligence. Greatness comes from character."[20]

엔지니어이자 기업 경영인인 그가 미국 최고의 수재들이 모인 곳에서 이런 말을 한 이유가 뭘까? 이 말의 참뜻은 뒤이은 설명으로 명확해진다. "캐릭터는 똑똑한 사람들에게 형성되지 않는다. 그것은 고난을 겪어본 사람들에게 형성된다."[21]

젠슨 황에 따르면, 아이비리그 교육을 받은 사람들은 높은 기대치를 가진 반면 회복탄력성이 부족하다고 했다. 머리가 좋고 공부를 잘하는 사람들은 갑자기 어려움이 찾아들 때 그것을 견뎌내는 힘이 떨어진다는 말이다. 즉, 젠슨 황이 여기서 사용하는 '캐릭터'라는 말은 '고통과 고난을 견딜 수 있는 기질과 성격'을 가리킨다. 이 연설의 결론은 다음과 같다. "성공하려면 회복탄력성이 중요하다."

고난과 고통을 겪는 과정에서 회복탄력성이 길러지고, 이 과정이 반복되면 회복탄력성을 가진 단단한 캐릭터가 형성된다. 이러한 캐릭터를 가진 자는 어떤 역경이 들이닥쳐도 능히 극복해 낼 수 있는

데, 그러한 힘과 캐릭터가 성공의 중요한 밑거름이라는 말이다.

그의 채찍질은 여기서 끝나지 않는다. 젠슨 황은 이러한 자질을 가진 사람들이 모이면 그것이 회사의 성격을 구성한다고 말한다. 어떠한 고통과 고난도 이겨낼 수 있는 회사, 즉 엔비디아 말이다. 그는 "고통과 고난으로부터 비롯되는 위대함을 원한다"라고 재차 강조했다. 이 세상 어느 누구 못지않은 고난을 겪고 영광의 자리에 섰기에 할 수 있는 말이다. 진정한 지혜는 공부로 쌓은 지식이 아니라, 삶의 풍파를 통해야만 체득할 수 있다는 사실을 다시금 상기한다.

'신이 흘린 눈물 방울'이란 별명을 가진 다이아몬드는 탄소가 오랜 세월 지하 깊은 곳에서 엄청난 열과 압력을 받으며 빚어진다. 젠슨 황의 인생 여정과 그가 원하는 인재상은 그런 다이아몬드와 같다. 눈물로 겹겹이 빚어져, 결코 그 어떤 세상의 압력에도 깨지지 않는 위대함을 지닌 눈부시고 단단한 존재 말이다.

위대함은 지능이 아니다.
위대함은 캐릭터에서 비롯된다.

도전

0조 달러 시장을 찾자

구매자가 한 명도 없어도 괜찮다는 정신

세상에는 시장에 없거나 소구력 있는 제품을 만든 기업이 많다. 그렇다면 그들은 모두 살아남았을까. 우리가 모두 알듯, 그렇지 않다. 시장에 없는 혁신적인 제품을 만들어도 힘이 없으면 기존 시장 지배자에게 밀려나는 것이 시장의 원리이기 때문이다.

초창기 스타트업 엔비디아는 이처럼 독자적 기술과 제품을 갖추는 것만으로는 충분치 않은 현실을 꿰뚫고 있었다. 그러면 어떻게 해야 기업을 잘 운영해 나갈 수 있을까? 엔비디아 CEO 젠슨 황의 해법은 이러했다.

"그래서 우리는 고객이 없는 시장, 0조 달러 시장을 선택했습니다."

"And so we chose a market with no customers, a $0 billion market."[22]

고개를 갸웃할 것이다. '0조 달러 시장'이라니. 그는 이것이 "지금 당장은 아무 가치 없는 시장이지만, 엔비디아가 첫걸음을 내디뎠을 때의 GPU 가속 컴퓨팅처럼 미래에 수조 원 가치가 있을 시장"[23]이라고 설명했다.

이 시장에는 당장 구매자가 한 명도 없지만 경쟁자도 없다는 장점이 있다. 그는 시장을 직접 만들고, 소비자에게 훌륭한 제품의 가치를 평가받는 기업들을 기피하는 전략을 구사했다. 그래서 "회사가 기술을 창조하고, 시장을 창조한다는 아이디어가 오늘날 엔비디아를 정의한다"라는 CEO의 말은 이 회사에 입사하는 모든 이가 꼭 기억해야 하는 문장이다. 그것이 바로 엔비디아가 AI 시장을 독점하고 있다는 평가를 받도록 만든 원동력이기 때문이다.

젠슨 황은 "우리가 해나가고, 기술을 창조하고, 시장을 창조하는 거의 모든 일이 그렇다. 사람들은 이것을 '층층구조stack' '생태계 ecosystem' 등으로 부르는데, 이는 기본적으로 누군가가 우리 제품을 살 수 있는 여건을 창조하는 것이 우리가 할 일임을 깨달은 뒤 30년 간 유지해 온 스타일이다"[24]라고 말했다.

없는 시장을 직접 만들자

엔비디아의 지난 30여 년은 그러한 도전적 전략과 실행의 역사였다. 그는 "우리는 새 시장을 발명해야 했다. 그것이 우리가 자율주행, 딥러닝, 컴퓨터, 제약, 디자인과 발명을 포함한 모든 분야에 초창기부터 뛰어든 이유다. 다른 모든 영역에서도 우리가 기술을 창조하면서 시장을 만들려 시도하고 있다"라며 그 역사를 뒷받침했다.

없는 시장을 직접 만든다고 하면 번개처럼 머릿속에 떠오르는 엔비디아의 사례가 CUDA와 딥러닝 아닐까? 젠슨 황은 2006년부터 엔비디아의 GPU에서만 작동하는 일종의 프로그래밍 툴이자 그래픽카드를 그래픽 작업 이외의 용도로 활용할 수 있도록 하는 플랫폼을 개발하여 구축해 왔다. 모든 지포스 그래픽카드에서 CUDA를 사용할 수 있도록 하는 것을 목표로 해온 덕에 슈퍼컴퓨팅을 대중화하는 결과를 낳았다.

또한 그는 2010년대 중후반 무렵부터 챗GPT에 GPU와 슈퍼컴퓨터를 제공하며 딥러닝과 AI의 시장 가능성을 확인했다. AI는 기존 서비스의 효율성을 높이거나 수익성을 강화하는 방편 정도로 인식되었을 뿐 'AI 시장'이라는 건 존재하지도 않던 시절, 챗GPT의 가능성을 알아보고 적극적으로 지원해 새로운 시장을 창출했다. 오픈AI의 챗GPT가 세상을 바꿀 수 있음을 보여준, 2022년 말부터 가장 수혜를 입은 승자는 엔비디아와 젠슨 황이었고, 그 결과 엔비디아 주가는 누구도 막을 수 없을 정도로 치솟았다.

이와 관련해 젠슨 황은 재치 있는 표현을 남겼다. '0조 달러 시장'

을 외친 젠슨 황은 영화 〈꿈의 구장Field of Dreams〉의 주인공 케빈 코스트너를 연상시키는데, 이와 관련된 것이다. 영화 속 옥수수밭 농장주는 '네가 옥수수밭 속에 야구 경기장을 지으면, 야구 선수들과 관중이 찾아올 것이다'라는 환청을 듣고 황당하게도 이를 실행했다. 시골의 옥수수밭을 깎아내 자비로 야구장을 짓는 남편이 걱정돼 아내는 전전긍긍했지만 말이다. 나중에 메이저리그 선수들이 찾아와 경기를 했기에 망정이지, 그렇지 않았으면 남편은 엄청난 원망을 샀으리라.[25]

'0조 달러 시장'을 운운한 젠슨 황도 결과가 좋았으니 망정이지, 잘못됐으면 사기꾼으로 몰릴 수도 있었다. 젠슨 황도 〈꿈의 구장〉을 보았는지, 시장도 없이 딥러닝을 시도했던 시절을 회상하며 이렇게 말했다. "우리의 논리는 이것이다. 즉, 우리가 딥러닝을 만들지 않으면, 고객들이 올 수 없다."[26]

케빈 코스트너가 한 대사를 멋지게 패러디하지 않았는가. 젠슨 황은 기술 혁신도 탁월히 해냈지만, 비즈니스도 참 잘하는 사람이다.

그래서 우리는 0조 달러 시장을 찾았다.

플랫폼
엔비디아의 숲을
떠날 수 없는 이유

3,000억 달러가 전부 엔비디아에 돌아간다면?

어떤 기업의 주식을 사려는 투자자라면 그 기업을 다른 사람에게 한마디로 명료하게 설명할 수 있어야 한다. 엔비디아도 마찬가지다. 여러분이 이 회사의 주식을 사고자 하는 주주라면, 엔비디아를 어떻게 소개하겠는가? 대부분은 AI를 구동하는 GPU 혹은 훈련용 칩을 만드는 기업인데, 돈을 아주 잘 번다고 소개할 것이다. 과거에 게임 그래픽카드로도 유명했다는 설명을 붙일 수도 있겠다. 이 정도면 엔비디아를 충분히 보여준 것일까? 어쩐지 충분치 않은 느낌이다.

회사의 정체성에 대한 질문의 100점짜리 정답을 알고 있는 엔비디아 CEO는 이를 어떻게 정리할까?

"우리는 플랫폼 회사다."

"We are a platform company."[27]

무슨 뜻일까? 이 문장을 좀더 완전하게 보완하면 이렇다. "엔비디아는 AI 플랫폼 회사다." 사실 그는 AI 사업을 시작할 때부터 이러한 프레임에 따라 움직여왔다.

2001년부터 2011년까지 구글 CEO를 역임하고 지금은 엔젤 투자자로 전향한 에릭 슈미트 Eric Schmidt 가 바라본 빅테크 엔비디아도 이와 크게 다르지 않다. 엔비디아의 'AI 플랫폼' 사업이 얼마나, 어떻게 돈을 버는지 분석하고 투자하는 일이 전업인 사람이라면 모두 똑같이 생각할 것이다.

에릭 슈미트는 2024년 8월 15일 스탠퍼드대학의 학부생을 대상으로 한 강연에서 "대기업들은 (AI 데이터센터를 구축하는 데) 100억 달러, 200억 달러, 500억 달러, 1,000억 달러가 필요하다고 내게 말한다. 오픈AI의 CEO 샘 올트먼 Sam Altman 조차 스스로 추론이 가능한 생성형 AI를 개발하는 데 3,000억 달러가 들어갈 것으로 믿는다"라면서 "만약 그 3,000억 달러가 전부 엔비디아에 돌아간다면, 주식시장은 뭘 해야 할지 알 것이다"라고 했다.[28]

실리콘밸리의 빅테크 CEO들과 속마음까지 나누는 전 구글 CEO가 전하는 말을 통해 명확하게 알 수 있는 점이 몇 가지 있다. 첫째는 오픈AI의 CEO가 막대한 투자금의 조달 문제 때문에 한숨만 푹푹 쉬고 있다는 점, 둘째는 오픈AI가 엔비디아 칩이 아닌 타사 제품에는 흥미가 없다는 점, 셋째는 오픈AI를 비롯한 빅테크와 다른 기업들의 막대한 AI칩 구매 비용 중 상당 부분이 결국 엔비디아의 계좌로 입금될 것이라는 점, 넷째는 데이터센터와 클라우드 등 AI 인프라가 더 깔려야 하는 몇 년 동안 엔비디아는 지속적으로 막대한 수익을 거두리라는 점, 다섯째는 주가 상승 가능성은 여전하기 때문에 지금이라도 엔비디아 주식을 사야 한다는 점이다.

에릭 슈미트가 파악한 엔비디아의 경쟁력은 견고하다. 엔비디아의 주력 AI칩 H100 같은 개별 GPU의 막강한 수요에 'AI 소프트웨어 생태계'라 불리는 AI 소프트웨어 개발 플랫폼 CUDA의 존재가 경쟁 기업들이 넘볼 수 없는 플랫폼 기업의 입지를 구축하고 있기 때문이다.

실제로 엔비디아의 AI칩의 시장 지배력은 독점에 가깝다. 미국 컴퓨터 전문 매체 《컴퓨터 월드Computer World》는 "2023년 엔비디아는 데이터센터 칩 시장의 약 83퍼센트를 장악했다"[29]라고 발표했다. 에릭 슈미트는 엔비디아 칩을 구하지 못해 구글이 자체 설계한 칩인 TPUTensor Processor Unit를 사용한 스탠퍼드대학 AI 연구원 퍼시 량Percy Liang의 생각을 전했다. "퍼시 량은 자신이 무한대로 돈을 가졌다면 엔비디아의 최신 칩 B200을 사버렸을 것이라고 했다."[30]

B200은 H100에 비해 성능이 최대 30배나 향상된 차세대 AI칩이다. 여기에 더해 엔비디아는 B200 두 개와 그레이스 CUP를 연결한 슈퍼칩 GB200 출시까지 선언했다.

마이크로소프트와 애플 사이

그러나 생성형 AI 개발에 필수적인 GPU에 너무 초점을 맞추면 숲을 보지 못하고 나무만 보는 꼴이다. 엔비디아는 AI 플랫폼이 되기 위해 지난 10여 년간 막대한 투자를 계속했다.

업계의 개발자들은 엔비디아의 비즈니스를 마이크로소프트의 구독 경제와 유사한 측면이 있다고 본다. 여기에는 이유가 있는데, 엔비디아가 그동안 게임 그래픽카드, 반도체, 데이터센터 장비 등을 내세우면서도 마이크로소프트처럼 운영 체제나 프로그래밍 환경을 조성해 왔기 때문이다. 호퍼 GPU와 그레이스 CPU, 소프트웨어 개발 플랫폼 CUDA, 정보를 주고받는 뛰어난 데이터 네트워크 능력 등을 망라한 클라우드 서비스 'DGX'를 구독 형태로 출시했다는 점에서 마이크로소프트의 비즈니스 모델과 흡사하다고 보는 것이다.

젠슨 황은 DGX의 '가성비'를 강조한다. 즉, 월 구독료만 내면 비싼 GPU를 사지 않고도 엔비디아의 최신 GPU와 기술을 이용할 수 있다는 설명이다. 비용적인 면에서 따지면 그럴 법도 한 것이, H100 GPU는 하나당 3만 달러이지만 H100 GPU 8개를 탑재한 DGX의 월 구독료는 서버당 3만 7,000달러 수준이다. 젠슨 황을 직접 만난다면, "우리 클라우드를 이용하면 AI 개발에 필요한 모든 것을 한 번에 저렴하게 이용할 수 있는데 뭣 하러 큰돈을 낭비하는가?"라는 말을 듣게 되지 않을까?

엔비디아의 AI 플랫폼은 애플과도 닮은 면이 있다. 엔비디아 플랫폼은 애플의 앱스토어처럼 폐쇄적으로 운영된다. CUDA의 AI 개발

프레임워크나 도구, 라이브러리 등은 엔비디아 GPU에서만 작동하도록 되어 있다. CUDA를 이용하는 한, 엔비디아 제품에서 벗어나기 어렵다는 의미다. 애플이 아이폰을 판매하고 앱 구독료 등 부가 서비스로 이익을 가져가는 방식과 엔비디아의 사업 모델은 겹치는 면이 있다. 이런 맥락에서 에릭 슈미트의 말을 해석하면 엔비디아가 AI 관련 시장에서 플랫폼 사업자로 독점적 영역을 구축하고 장기적인 수익을 거둘 수 있다는 이야기다.

젠슨 황은 비즈니스 모델로서 플랫폼의 위력을 수없이 절감했다. 각 분야에서 최고의 위치를 점하려는 기업은 결국 플랫폼을 추구한다. 사이버보안 업체 팰로앨토네트웍스Palo Alto Networks는 2024년 8월에 아직 플랫폼화하지 못한 점을 후회하면서, 늦은 만큼 더 강력한 플랫폼 전략을 추구하겠다고 선언했다. 팰로앨토네트웍스 CEO 니케시 아로라Nikesh Arora는 "플랫폼화는 본질적으로 한 기업의 제품과 서비스를 통합하는 전략이다"라며, "어느 플랫폼을 구매하든 다시 돌아갈 수 없다. 플랫폼을 포기하고 포인트 솔루션으로 돌아가서 다른 것들을 연결하는 것은 불가능하다. 마치 일방통행과 같아서 일단 이 길로는 다시 돌아갈 수 없다. 따라서 기술적 우위를 가졌을 때 플랫폼을 통해 앞서 나가야 한다"라고 주장했다.[31]

AI 플랫폼으로서 져야 할 책임

그렇다면 DGX 정도의 사업 및 수익 모델을 구축하면 AI 플랫폼으로서 준비가 끝난 것일까? 젠슨 황은 플랫폼 사업을 '가두리 양식장' 정도로 여기지 않는다고 했다. 그리고 "플랫폼화될수록 직면해야 하는 문제가 더 많아지고 사람들이 우리에게 더 많이 투입하는 경향이 있는데, 그만큼 플랫폼의 책임감이 생긴다"는 지적에 공감했다.

이곳에 진입하는 다양한 분야의 사업에 플랫폼으로서 책임이 있다는 시각이다. 하지만 엔비디아가 모든 분야를 잘 일 수 있는 것은 아니다. 젠슨 황은《와이어드Wired》에서 그런 고충을 드러냈다.

"사람들은 아마도 우리를 앱 회사로 생각하겠지만, 우리는 앱 회사가 아니다. 해야 할 바는 최대한 하겠지만, 산업을 뒷받침하는 데는 부족할 수도 있다. 그래서 헬스 케어의 경우, 신약 발명은 우리의 전문 영역이 아니다. 컴퓨팅이 전문 영역이다. 자동차 제조는 우리 전문 영역이 아니다. 대신 자동차를 위한 컴퓨터를 만드는 것은 AI가 굉장히 잘한다. 그것이 우리 전문 영역이다. 솔직히, 한 기업이 모든 분야를 잘하기는 어렵다. 그러나 우리는 AI 컴퓨팅은 아주 잘할 수 있다."[32]

엔비디아가 플랫폼 기업으로서 AI 산업 전반에 어떻게 기여할지 시사하는 대목이다. 다만, 젠슨 황은 AI 플랫폼 기업으로서의 입지를 기정사실화하고 있다. 'AI 유니버스'의 중심에 엔비디아를 자리하도록 하겠다는 그의 구상이 실현 단계에 접어든 셈이다. 젠슨 황이 구축한 '우주의 질서'를 받아들이지 않으려는 반작용은 곳곳에서 꿈틀거리지만, 엔비디아의 강력한 인력을 이겨내기 어려워 보인다.

이러한 관점에서 'AI 대부' 젠슨 황은 AI 생태계에 속한 기업들에 엔비디아의 지위를 인정해 달라는 메시지를 보낸다. 그래야 모두가 번영할 수 있다는 것이다.

그는 "우리는 이미 삼성, SK하이닉스, 인텔, AMD, 브로드컴, 마블을 비롯한 여러 기업과 매우 긴밀한 파트너다. AI 슈퍼컴퓨터 분야에서 우리가 성공할 때, 파트너사 전체가 함께 성공하는 것이 기쁨이다"[33]라고 밝혔다.

AI 생태계를 이루는 기업들 중 일부는 이미 엔비디아가 구축한 질서에 순응해서 협력해 나가고 있다. SK하이닉스, 슈퍼마이크로Supermicro, 델테크놀로지DELL Technologies, TSMC, 모놀리식파워시스템Monolithic Power Systems, 폭스콘Foxconn 등이 그런 기업이다.

단순히 GPU를 만드는 반도체 회사에서 거대 생태계를 구축한 플랫폼 기업이 된 엔비디아는 이미 전 세계 수많은 기업과 AI 산업 전체에 막대한 영향력을 끼치고 있다. AI 시대의 선두 기업 엔비디아가 느끼는 책임감은 여기에서 비롯된다. 자신들이 처한 위치를 알고 그에 맞는 책임을 지고자 하는 엔비디아 CEO의 이타적 마인드가 돋보이는 대목이다.

일의 태도

"모든 것을
기술의 한계까지 밀어붙여라"

겸손은 미덕이 아니다

반도체 강자들도 주눅 들게 만드는 미친 제품력

"르브론 제임스Lebron James가 한 무더기의 유치원생을 상대로 일대
일 농구를 하는 것과 마찬가지다."[1]

웨드부시증권 선임 주식 애널리스트인 댄 아이브스가 엔비디아와
나머지 반도체 칩 경쟁사들의 격차를 재치 있게 비유한 표현이다. 엔
비디아를 NBA의 '살아 있는 전설' 르브론 제임스에, 그 외의 업계 강
자인 AMD, 인텔 등을 한 무더기의 유치원생에 빗댄 것이다.

이 말에는 디테일이 숨어 있다. 한쪽은 그냥 NBA 선수도 아니고
역대 모든 NBA 선수 중 마이클 조던과 최고를 다투는 르브론 제임
스다. 그 상대가 농구를 좋아해 밤마다 동네 농구장에서 한 판 붙는
열혈 중·고등학생도 아니고, 줄도 삐뚤빼뚤 서는 한 무더기 유치원생

인 셈이다. 게다가 르브론 제임스와 유치원생 한 명이 일대일로 붙는다니. 유치원생이 몇 명이든 달라질 것은 없다. 이런 방식으로 실제 경기를 한다고 가정하자. 굳이 유치원생 한 무더기가 이길 확률을 따지자면, 0.01퍼센트도 과할지 모른다. 베테랑 애널리스트 댄 아이브스는 엔비디아와 나머지 경쟁사들의 격차를 이렇듯 아주 냉정하게 지적한 것이다.

댄 아이브스는 이 한마디로 엔비디아 비관론을 깔끔하게 일축했다. 주식 가격이 조정받을 때마다 고개를 드는 엔비디아 비관론자들의 이론은 크게 두 가지로 나뉜다. 하나는 밸류에이션이 너무 높다는 점, 또 다른 하나는 경쟁 업체들이 엔비디아의 지배를 무너뜨릴 새로운 대체제를 내놓을 수 있다는 점(지금은 구매자인 빅테크들이 자체 칩을 만들고 있다는 사실을 포함하여)이다. 댄 아이브스는 최소한 후자의 가능성은 없다고 단언한 것이다. 영원한 것은 없다지만, 당분간 경쟁자들이 엔비디아를 추격하기는 어렵다고 본다.

AMD나 인텔 같은 전통의 반도체 강자로서는 크게 자존심 상할 지적이지만, 이들도 어느 정도 현실을 수긍한 듯하다. 경쟁사들도 한때 엔비디아의 하이엔드칩을 겨냥한 제품을 만들고 있다는 식의 맞대응을 시도했다가, 그 이상으로 가속 페달을 밟는 일은 자제하고 있는 모양새다.

그렇다면 당사자인 엔비디아 CEO 젠슨 황은 자사와 타 업체의 경쟁력 차이를 어떻게 바라볼까? 그는 댄 아이브스보다 한술 더 떠 이렇게 말했다.

"(엔비디아의 칩이 매우 좋으므로) 경쟁사 칩은 공짜로 줘도 싼 게 아니다."

"So good that even when the competitor's chips are free, it's not cheap enough."[2]

개똥도 쓸 데가 있다는데, 좀 과장하자면 AMD나 인텔 칩은 공짜로 줘도 쓸모없다는 뜻이다. 엔비디아의 GPU에 비한다면 말이다. 경쟁사 제품을 이렇게 대놓고 무시하는 발언을 한 CEO가 있을까? 아무리 자신 있다고 해도 자만 아닐까? 젠슨 황이 이러한 발언을 내놓은 무대는 앞서 언급한 2024 SIEPR 경제 서밋이다. 존 쇼븐John Shoven 스탠퍼드대학 명예 교수는 "엔비디아를 추격하기 위해 많은 업체가 저렴한 칩을 만들고 있는데 대비책이 있는가?"[3]라고 물었는데, 그는 이런 질문이 나온 이상 겸손은 더 이상 미덕이 아니라고 판단한 듯하다.

젠슨 황은 이 발언에 덧대어, 데이터센터의 총소유비용TCO 측면을 따지면 GPU 가격은 별로 중요하지 않다고 설명했다. TCO는 인프라 구축 비용과 이를 운영하고 관리하는 데 발생하는 모든 비용을 의미한다. 즉, 단순히 칩 하나의 가격만 생각할 게 아니라는 것이다. 엔비디아 GPU의 효율이 압도적으로 좋으므로 비싼 가격을 상쇄하고도 남는다는 결론이다.

"칩을 사고파는 사람들은 칩 가격에 대해 생각하고, 데이터센터를 운영하는 사람들은 운영 비용에 대해 생각한다. GPU의 배포 시간, 성능, 활용도, 유연성 등이 너무 뛰어나서, 직간접 비용을 계산해도 엔비디아의 칩이 TCO 면에서 뛰어나다."[4]

듣고 보면 일리가 있다. 게다가 엔비디아는 다른 업체와 협력하는 것은 물론, 차기 칩에 대한 내용도 미리 공개해 버린다. 다른 업체가 특정 분야의 알고리즘에 최적화된 칩을 만들 수는 있지만, GPU처럼 범용적이고 고효율인 칩을 만들기는 어려울 것이라는 자신감의 표현이다. 그리고 이 놀라운 자신감의 근거는 엔비디아의 제품력이다.

하지만 이게 전부가 아니다. 칩을 공짜로 나눠줘도 쓸모없다는 식의 발언은 경쟁 업체들에 "나를 인정하라!"라며 던지는 메시지이기도 하다. 직접 싸우지 않고 이기는 자가 진정한 승자라 하지 않던가. 메시지의 수신인은 스타트업 시절 엔비디아를 구박하며 약자의 설움을 가르쳐준 장본인이 AMD, 인텔, 퀄컴 같은 반도체 기업들이다. 1년마다 첨단 GPU를 내놓겠다고 공언하는 등 속도와 기술력으로 타사와의 격차를 넓혀가는 엔비디아는 이들에게 더 이상 옛날의 엔비디아가 아님을 공고히 하고 있는 것이다.

경쟁사들의 도전으로 엔비디아가 무너질 가능성은?

젠슨 황의 발언은 일종의 경고이면서도 현실성을 담보하고 있다. 최태원 SK그룹 회장 역시 대한상공회의소 제주포럼의 〈AI 시대, 우리 기업의 도전과 미래 비전〉 토크쇼에서 엔비디아에 대해 "2~3년 안에는 무너지지 않을 것이다. 중요한 고객이다 보니 우리도 연구를 많이 하는데, 3년 안에는 솔직히 적수가 거의 없다"[5]라고 했다. 그는 그 근거로 엔비디아의 기술적 우위를 강조했다. "누군가 칩을 비슷하게 만들어도 그 하드웨어를 구동하는 소프트웨어를 한순간에 만들 방법이 없다. 2~3년간은 하드웨어도 소프트웨어도 좋기 때문에 무너지기 힘들다"[6]라는 것이다.

그러면서도 엔비디아 역시 영원하지 않을 수 있다는 시각을 드러냈는데, "엔비디아 칩을 쓰는 마이크로소프트, 구글, 아마존 등이 엔비디아의 비싼 칩을 쓰기보다 자기 칩을 쓰고 싶어한다. 그들의 경쟁력이 얼마나 올라오느냐에 따라 엔비디아가 부서질 수 있고, 엔비디아 경쟁자인 AMD, Arm 등이 칩을 잘 만들 뿐 아니라 싸게 만들면 엔비디아 모델도 부서질 수 있다"[7]라는 지적은 상식적이다.

하지만 젠슨 황도 이 기간에 나름의 대비책을 세울 것이다. 젠슨 황은 2024년 6월 주주총회에서도 "엔비디아의 AI칩은 가장 적은 TCO를 제공한다"[8]라는 점을 되풀이해 피력했다. 구매 가격이 비싸도 성능 등을 고려할 때 엔비디아의 AI칩을 구매하는 것이 더 효율적이라는 논리다.

엔비디아의 거침 없는 행보를 우려하는 시선도 있다. 엔비디아 지포스 비즈니스 담당 제너럴 매니저와 AMD 부사장을 역임한 스콧 헤켈만Scott Herkelman은 엔비디아의 비대해지는 힘을 두고 "엔비디아는 GPU 카르텔이며, 모든 공급을 통제한다"[9]라고 비판하기도 했다.

"경쟁사 칩은 공짜로 줘도 싼 게 아니다"라는 말에서 젠슨 황이 보여준 것은 무한한 자신감이었다. 그는 허투루 말하는 스타일이 아니다. 이 말은 단지 기세를 보여주기 위한 게 아니라 신뢰를 얻기 위해서 했다고 봐야 한다. '얼마나 확신이 있으면 저런 말을 할 수 있을 까?'라는 생각을 불러일으킨다. 그리고 엔비디아에 장기 투자해도 괜찮겠다는 확신을 준다. 기업 CEO의 근거 있는 자신감, 자사 제품에 대한 확고한 믿음은 기업 구성원, 투자자, 애널리스트에게도 전달될 수밖에 없다.

그러나 젠슨 황이 목과 어깨에 힘을 잔뜩 줄 수 있는 진짜 뒷배는 바로 시장의 왕인 고객과 고객의 충성도다. AI 인프라스트럭처 스타트업 코어위브Core Weave CEO인 마이클 인트레이터Michael Intrator는 AI 초기 2년 반을 되돌아보며 AI칩 시장을 "심각한 불균형 상태"로 규정했다. "우리는 모든 종류의 AI칩을 구매하고 성능의 관점에서 이들을 살펴본다. 하지만 결국은 고객들이 원하는 칩을 구하게 되며, 고객들은 엔비디아 칩만을 원한다"라고 밝혔다. 그는 현 시장에서 엔비디아 외의 GPU는 외면받는 현실을 재차 확인해 주었다. "우리 고객들은 엔비디아 기술을 원한다. 그들은 타사의 제품을 원하지 않는다."[10]

엔비디아의 칩에 비한다면
경쟁사 칩은 공짜로 줘도 싼 게 아니다.

어떤 순간에도 1순위는 고객

닷컴버블 시대가 남긴 교훈

"AI에 과소 투자하는 위험이 과대 투자의 위험보다 훨씬 더 크다."[11] 막대한 AI 투자로 과연 돈을 벌 수 있냐는 투자자들의 의심이 빅테크들의 주가를 크게 흔든 2024년 6월 24일, 'AI 버블론'에 대해 구글 CEO 순다르 피차이Sundar Pichai가 내놓은 답변이다. 구글을 비롯해 마이크로소프트, 메타, 아마존 등 하이퍼스케일러들도 걱정 말라며 AI에 더 많이 투자하겠다고 선언했다.

이들이 군비 경쟁하듯 데이터센터 등 초기 AI 인프라 투자에 나서는 이유는 물러설 수 없는 한판 승부이기 때문이다. 이는 엔비디아 AI칩을 사서 수십 년간 전 산업을 이끌어갈 AI 세계의 고속도로를 먼저 깔겠다는 장기적인 야심의 발로고, AI 세계의 가장 많은 고객을 점유하는 플랫폼이 되겠다는 전략이다. 한 번 뒤처지면 다시는 따라잡을 수 없다는 절박함이 이러한 경쟁 구도를 촉발하는 진짜 이유다.

천문학적 금액을 베팅하는 하이퍼스케일러들은 1995년~2000년의 인터넷 시대를 경험하며 살아남은 강자들이다. 이들은 인터넷 비즈니스에서 발생한 사건들을 바탕으로 AI 시대의 진행 과정을 예측하는데, 모두 생각이 같다.

인터넷 시대에 무슨 일이 일어났는가? 인터넷은 우리의 삶을 송두리째 바꾸고, 산업을 10년 이상 끌고 온 내러티브였다. 인터넷이라는 신기술이 들어올 때 이를 미리 알아본 이들이 굉장하다며 열광했고, 그 과정에서 '닷컴버블'이라는 현상이 빚어졌다. 이후 버블로 주가가 부풀려진 기업들이 그만큼 돈을 벌지 못했고, 그러자 버블이 터졌다.

닷컴버블은 쓰나미처럼 실적을 뒷받침하지 못하는 기업을 쓸어버렸고, 거기서 생존한 소수의 기업들만이 인터넷의 기술적 수혜를 전부 쓸어 가는 결과로 나타났다. 여기에서 마지막까지 살아남은 마이크로소프트, 애플, 구글 등 플랫폼 비즈니스 기업들이 빅테크의 전성기를 이끌어가고 있다.

그런데 인터넷처럼 향후 수십 년의 비즈니스를 이끌어갈 새로운 내러티브가 'AI'라는 이름으로 나타난 것이다. 경쟁자인 하이퍼스케일러들은 지금까지 쌓아둔 현금은 여기에 퍼부으라고 있는 것으로 생각하는 듯하다. 이것이 바로 빅테크 간 'AI 투자 전쟁'의 서막이다. 미래 전쟁에서 머뭇거리는 자에게는 죽음이 내려질 것이다. 그리고

AI 투자 전쟁의 최대 수혜자는 이들이 필요로 하는 최첨단 GPU를 공급하는 엔비디아다.

AI에 대한 투자를 '비용'으로 인식하는 일부 투자자들의 우려도 적지 않지만, AI의 미래에 대한 하이퍼스케일러들의 믿음은 흔들림이 없다. 우리는 이 엄청난 전쟁을 지켜보며 초기 AI 시대를 살아가고 있다. 이 모든 내러티브의 결론은 하나다. "투자하는 강자만 살아남는다."

닷컴버블 시대에서 살아남은 또 하나의 기업이 있다. 바로 1993년 최고의 게임 그래픽을 구현하겠다는 일념으로 창업한 엔비디아다. 몇 번이나 몰락 직전에서 살아난 엔비디아 CEO 젠슨 황은 좀비 같은 생명력을 지닌 인물이다. 살아남은 자체로 자신이 강자임을 입증했을 뿐 아니라, 기어코 AI 시대의 최강자 반열에 올랐다.

"무어의 법칙은 죽었다"라고 외친 이유

인터넷 시대 스타트업으로 출발한 엔비디아가 생존 투쟁을 벌인 30년 동안 가장 두려워했던 대상은 반도체 분야 최강자 인텔이었다. 게임 그래픽 회사에서 GPU 제조사로 치고 올라오는 엔비디아의 존재는 CPU로 PC 세계를 지배한 인텔에는 눈엣가시였다.

기업 간 생존 전쟁의 가장 흔한 형태는 업계의 강자가 약자를 죽이는 방식이다. 더 크기 전에 싹부터 제거해 버리거나, 패망한 기업의 핵심 역량만 쏙 빼어 흡수하는 일은 비즈니스 세계의 일상다반사다.

엔비디아는 골리앗 인텔에는 다윗만큼도 되지 못하는 상대였다. 그는 《뉴요커》에서 톰과 제리와 같은 인텔과의 관계를 설명했다.

> "나는 인텔 근처에 가지 않는다. 어디든 인텔이 가까이 오면, 나는 칩을 들고 도망친다."
> "I don't go anywhere near Intel. Whenever they come near us, I pick up my chips and run."[12]

우리 속담에 대입해 보면 '인텔 그림자만 봐도 놀란다'는 게 아니었을까 싶다. 젠슨 황에 따르면, 인텔은 반도체 설계 시장에서 역량을 키워가는 엔비디아를 완전히 없애려 수차례 압박을 가했다. 이제는 인텔보다 시총 열 배 이상의 기업이 됐지만, '반도체의 명가' 인텔과 AI 반도체 시장의 지배권을 다투며 키운 경계심이 젠슨 황의 마음속에 앙금으로 남아 있는 것이다.

인텔 CEO 팻 겔싱어Pat Gelsinger가 2024년 2월 인텔의 파운드리 사업 본격화를 선언하며 "엔비디아, 퀄컴, 구글, AMD도 인텔 파운드리 고객사가 되기를 희망한다. 인텔은 전 세계를 위한 제조 공장이 될 것이며, 참여를 원하는 모든 기업에 문을 열어두겠다"[13]라는 화해 제스처를 취했다. "영원한 적도, 영원한 동지도 없다"라는 격언이 실현되는 걸까? 하지만 엔비디아가 자사의 최신 AI칩 설계도를 인텔에 넘겨줄 리 없다. 톰과 제리와 같은 관계를 생각해 보면, 젠슨 황이 제정신인 한 그런 일은 일어나지 않을 것이다.

두 라이벌 회사는 서로에 대한 경계심과 적대감을 공공연하게 드러낸다. 2024년 6월 대만 타이베이에서 열린 ICT 전시회 '컴퓨텍스 2024'에서 엔비디아 CEO 젠슨 황은 인텔 CEO 팻 겔싱어와 전혀 다른 공간에서 독립적으로 기조연설을 했다. 서로 엮이지 않겠다는 의지를 분명히 한 것이다. 그러자 인텔은 반엔비디아 진영의 선봉에 나서서 여러 기업을 규합하는 역할을 맡았다. 대만 현지에서는 "엔비디아와 반엔비디아 연대가 형성돼 보이지 않는 기 싸움을 하고 있다"[14]라는 평가까지 나왔다.

이때 현지에서 업계 관계자들을 깜짝 놀라게 할 만한 일이 벌어졌다. 팻 겔싱어가 자신의 연설 도중 인텔의 신제품을 소개하면서 '젠슨 황'이라는 이름을 들먹이며 비판했던 것이다. 그는 "젠슨 황이 여러분에게 믿게 하려는 것과 달리, 무어의 법칙은 여전히 유효하다"[15]라고 주장했다.

여기서 등장한 '무어의 법칙'은 인텔 공동 설립자 고든 무어가 1965년에 주장한 이론으로, '반도체 마이크로칩의 성능은 2년마다 두 배로 증가한다'는 내용을 골자로 한다. 무어의 법칙은 수십 년간 반도체 업계의 근간이 된 인텔의 자부심이기도 한데, 젠슨 황은 AI 시대에 인텔과 같은 전통적인 프로세서가 한계가 이르렀다는 뜻으로 무어의 법칙에 '사망 선고'를 내린 바 있다. 2024년 초《와이어드》인터뷰에서 "무어의 법칙은 사라져야 한다. 그래야 새로운 스케일링 법칙을 생각할 수 있다"[16]라고 공개 선언을 한 것이다. 팻 겔싱어로서는 '시건방진' 젠슨 황의 발언을 그대로 두고만 볼 수 없었으리라.

젠슨 황과 팻 겔싱어의 신경전은 곳곳에서 벌어지고 있다. 같은 밥그릇을 놓고 다투는 자들의 숙명일지도 모른다. 2021년 흔들리는 '반도체 명가'를 부활시키기 위해 복귀한 팻 겔싱어는 인텔의 칩 설계 및 제조 주도권을 되찾기 위해 공장 네트워크를 구축하고 새로운 라인업을 만드는 데 막대한 비용을 투자하고 있다. 젠슨 황은 인텔보다 우위에 섰지만 인텔이 자신들을 언제 죽일지 모른다는 두려움 때문에 긴장의 끈을 놓지 않는다. 누가 승리할지는 더 시간이 지나야 알 수 있지 않을까.

젠슨 황은 인텔을 비롯해 AMD, 퀄컴 등 업계의 경쟁자들과 협업하고, 파트너십을 구축해 기업을 성장시키려 했다. 하지만 강소 기업으로서 기술력과 제품력이 뛰어날수록 강자들에게 더 강하게 견제받을 수밖에 없다는 사실을 절감했다. 고객은 하루아침에 등을 돌리고, 시장 상황은 시시각각 변하며, 파트너사의 상호 계약도 '이익' 앞에서 순식간에 휴짓조각이 될 수 있었다. 그것이 냉엄한 현실이었다. 그 등쌀을 이겨낼 힘과 독자적 시장을 확보하는 일이 약자 시절 엔비디아의 CEO 젠슨 황에게 떨어진 과제였다.

그러나 분명한 것은 엔비디아와 인텔이 어떤 방식으로 경쟁하든, 그 승부를 결정하는 것은 시장이며 고객이라는 점이다. 아마존 CEO 제프 베조스가 정곡을 찌르는 말을 남겼다. "고객이 우리에게 충성하는 것은 다른 누군가가 더 좋은 서비스를 제공하기 직전까지일 뿐이다."[17]

휴일 없이 일하기 위해
휴식을 사수하기

주 7일 일하는 CEO의 건강 비결

'AI 대부' 젠슨 황은 주말도 휴일도 없이 365일 변함없이 일한다. 그의 일 중독은 AI 세계가 무너지지 않도록 떠받치고 있는 공공연한 비밀이다.

그러나 그 역시 우리와 똑같이 피와 살을 가진 사람이다. 젠슨 황이 진정으로 두려워하는 것은 전 세계 각지에서 뜬눈으로 밤을 보내며 그의 자리를 빼앗기 위해 달려드는 무서운 경쟁자들이 아니라 건강을 잃는 것이다. 하루만 아파서 누워 있어도 그가 처리하지 못한 업무는 엠파이어스테이트빌딩 높이로 쌓여 뒷골을 내리누를 것이기 때문이다.

젠슨 황도 '월요병'이 있다고 한다. 전 세계 직장인 누구나 할 것 없이 않는 월요병을 그는 더욱 심하게 앓는다. 《와이어드》 2024년 2월 23일 자를 보면 그가 평소 얼마나 과로에 시달리는지 알 수 있다. 그는 "나는 월요일 아침을 싫어한다. 일요일도 하루 종일 일하고 이미 피곤한 채로 한 주의 공식 업무를 시작하기 때문이다"[18]라고 말했다.

우리는 그가 하루 종일 어떤 일을 감당해야 하는지 잘 알고 있다. 수많은 미팅, 프로젝트 검토 및 결정 등 한낮의 공식 업무 외에도 직원들의 '톱 5 리스트'까지 확인하느라 모두 퇴근한 밤늦은 시간까지 사무실에서 불을 밝히는 엔비디아 CEO의 일과를 말이다.

그렇다면 '숙제의 장인'인 젠슨 황은 살인적 스케줄 속에서 어떻게 휴식을 취하는 걸까? 그가 휴식을 위해 지킨다는 철칙이 있다. 그것은 숙면이다. 취침 시간만큼은 미국 대통령의 전화 통화 요청도 사절이란다.

> "나는 업무에 너무 지쳐 있어서 누구도 밤에는 나를 깨우면 안 된다는 것을 확실히 하고 있다. 그것이 내가 지키는 유일한 원칙이다."
> "I should make sure that I'm sufficiently exhausted from working that no one can keep me up at night. That's really the only thing I can control."[19]

젠슨 황은 밤에 누구의 방해도 받지 않은 채 숙면을 취하고 다음 날 아침 5시에 눈을 뜬다. 그래도 아주 개운하지는 않다고 한다. 그가 아침에 눈을 뜨자마자 느끼는 감정은 하루의 희망이 아니라, 오늘 엔비디아가 망할 수도 있다는 불안과 두려움이기 때문이다.

또한 엔비디아가 전 세계 파트너들과 한 약속을 지켜야 한다는 부담감이 아침잠을 깨운다. 그것은 엔비디아가 데이터센터와 모든 시설에 들어가는 AI 슈퍼컴퓨터를 제작함으로써 누구나 파트너를 맺을 수 있는 세계에서 유일한 기업이라는 약속을 계속 지켜나가야 한다는 부담감이다.

그는 "일을 하고 있지 않을 때도, 나는 일에 대해 생각한다. 그리고 일하고 있을 때 일한다"[20]라고 고백한다. 몸은 쉬고 있지만 정신은 여전히 쉴 수 없는 상태란 뜻이다. 사무실 나가서 업무하는 시간만으로는 처리해야 할 일을 끝낼 수 없기 때문이리라.

이러한 막중한 책임감을 짊어지려면 사생활을 포기할 수밖에 없어 보이는데, 젠슨 황은 업무와 가정 생활을 철저히 분리해 자신을 보호한다. 동양인의 사고방식을 가진 그는 가족과의 긴밀한 관계도 무척 중시한다.

운동 대신 움직이기

많은 업무량 때문에 자리에서 꼼짝할 수 없는 직업을 가진 사람들은 나름의 운동법을 고안해 낸다. 책상 밑에 자전거 페달을 설치해 놓고 환자를 보면서 페달을 돌리는 의사도 있고, 책상에 쌓인 서류 더미를 잠깐 제쳐둔 채 바닥에 매트를 깔고 요가를 하는 판사도 있다. 이렇게라도 하지 않으면 장기간 일을 할 수 없다는 사실을 잘 알기에 하는 노력들이다.

젠슨 황은 어떤 운동을 할까? 건강 유지를 위한 최소한의 운동도 그는 놓치지 않는다. 따로 시간을 낼 여건도 안 되기에 틈틈이 몸을 움직인다고 한다. 그는 "매일 푸시업을 40개씩 꼭 한다. 그렇게 해봐야 몇 분 걸리지 않는다. 나는 운동에 게으른 사람이다"[21]라며 운동 루틴을 공개했다. 그가 아홉 살이었을 때 열일곱 살짜리 불량배 룸메이트 앞에서 자기 전에 무조건 푸시업 100개를 했다는 가슴 아픈 일화가 떠오른다.

그가 푸시업과 함께 하는 운동은 스쿼트다. 시간을 아끼기 위해 양치하는 동안 스쿼트를 한다는 그의 이야기를 듣노라면, 어디 가서 바쁘다는 말을 함부로 하지 말아야겠다고 다짐하게 된다.

걱정과 불안을 역이용하다

우리는 불안에 끌려다니는 양떼

"아침이 있다는 건 근사한 일이잖아요."[22] 루시 모드 몽고메리Lucy Maud Montgomery의 소설 『빨간 머리 앤』의 주인공 앤은 이렇게 말한다. 하지만 세상에는 앤 같은 긍정론자보다는 걱정과 불안에서 벗어나지 못한 채 살아가는 사람들이 더 많다.

특정 시점에 '불확실성'이라는 키워드가 자본 시장에 등장하면, 걱정과 불안에 사로잡힌 투자자들이 너도나도 주식을 투매하고 그 결과로 대폭락이 발생하는 광경을 심심치 않게 목격하는 것이 그 증거다. 그렇다면 대중은 걱정과 불안에 이끌려 다니는 양떼가 아닐까?

걱정과 불안에 시달리는 인간의 심리는 로마시대에도 별반 다르지 않았다. '로마의 태평성대'로 불리는 오현제시대(A.D. 96~180) 마지막 황제로 로마의 몰락을 예감한 마르쿠스 아우렐리우스는 재위 기간 동안 로마의 힘과 평화가 무너지는 현실을 목격했다. 언제 로마의 국경이 야만인들에 의해 무너질지 모른다는 걱정과 불안이 그를 덮쳤다. 그가 스토아 철학에 몰두하게 된 건 이런 고뇌와 고통 때문이었을 것이다.

그는 "네가 외적인 일로 고통받는다면, 너에게 고통을 주는 것은 그 외적인 일이 아니라, 그 일에 대한 너 자신의 판단이다. 즉시 그 판단을 멈춰서 고통을 없앨 힘이 네 안에 있다"라는 것이다. 스토아 철학에 따르면 외부와 내면을 분리해 관조하면 평온한 삶을 얻을 수 있다. 우리가 겪는 문제가 외적 사건 그 자체라기보다는 우리가 그것을 해석하고 대하는 방식에 달려 있다는 것이다.

점점 복잡해지는 현대 사회는 어떤가. 지금의 사회구조는 걱정과 불안을 증폭시킨다. 우리는 그것을 에드바르 뭉크Edvard Munch의 그림 〈절규〉에서 찾는다. 성격장애였던 아버지, 그의 나이 다섯 살 때 결핵으로 사망한 어머니, 심한 우울증에 걸린 여동생까지 불행한 가족 이력은 뭉크에게 태생적 불안을 심어놓았다.

게다가 그의 삶은 인류 최고의 불행기인 두 차례의 세계대전을 관통했다. 노르웨이 오슬로의 베케르베르그 다리에서 절규하는 모습은 불안으로 미쳐가는 현대인의 자화상을 대변했다. 실제로 뭉크는 〈절규〉의 캔버스 모퉁이에 비밀스럽게 다음 문장을 써넣었다. "미친 사람만이 그릴 수 있다."

완벽주의자를 움직이게 하는 힘

그렇다면 큰 성공을 이뤄내고 엄청난 재산을 축적한 사람이 맞이하는 아침은 어떨까? 우리는 그 아침이 행복과 희망으로 가득 찼으리라고 막연히 생각한다. 최소한 매일 허덕거리며 사는 일반인보다는 말이다. 그러나 세계 세 손가락 안에 드는 빅테크 엔비디아를 일궈내고 직원만 3만 명이 넘는 기업의 최고경영자 젠슨 황이 털어놓는 이야기는 그와 정반대다.

> "매일 아침 나를 깨우는 감정은 긍지와 자신감이 아니라, 걱정과 불안이다."
> "I don't wake up proud and confident. I wake up worried and concerned."[23]

젠슨 황의 이야기는 빈말이 아니다. 그는 평소 어느 자리에서든 "엔비디아가 망하지 않도록 자신이 할 수 있는 것을 뭐든지 한다"[24]라고 말해 왔다. 엔비디아 같은 기업이 하루아침에 주저앉겠냐고 보는 이들이 많겠지만, 그는 언제든 망할 수 있기에 매일 불안해하며 매 순간 최선을 다한다고 말한다.

젠슨 황의 걱정과 불안 증세는 타고난 기질일까, 아니면 후천적으로 형성된 것일까? 그의 대답은 단호하게 후자 쪽이다. 그는 "엔비디아가 과거에 겪어온 문제를 감안하면, 이 기업이 계속 생존하지 못할지도 모른다는 감정을 떨쳐낼 수 없다"[25]라고 고백했다.

엔비디아가 1997년 4월 RIVA 128 발매 직전까지 한 달 치 직원 월급밖에 없을 정도로 파산 위기에 몰렸던 충격적 경험은 그에게 일종의 트라우마로 남아 있다. "기업을 밑바닥부터 만들고, 진짜 역경을 경험했으며, 실제로 몇 번이나 거의 망할 뻔했을 때의 그 감정이 그대로 남아 있다."[26] '우리는 폐업 30일 전이다'라는 엔비디아의 영원한 모토도 그때 탄생했다.

하지만 걱정과 불안을 부정적으로만 대할 필요는 없다. 젠슨 황도 즐기는 쪽으로 그 사용법을 찾았듯이 말이다. 실제로 적당한 불안은 최고의 능력을 발휘하게 한다는 사실이 20세기 초 미국의 심리학자 로버트 여키스Robert Yerkes와 그의 제자 존 도슨John Dodson 등의 연구로 입증된 바 있다. 물론 지나치지 않음을 전제로 한다.

독일 괴팅겐대학 정신의학과의 보르빈 반델로브Borwin Bandelow 교수는 "유명한 예술가 중에 불안장애에 시달리는 사람들이 많은 것은 불안이 완벽주의자로 하여금 최고의 능력을 발휘하게 만드는 원동력이기 때문이다"[27]라고 분석하기도 했다.

'이 세상에서 가장 바쁜 사람' 혹은 '완벽주의자'로 불리는 엔비디아 CEO가 하루도 빠짐없이 우선순위에 맞춰 일하도록 등을 떠미는 감정의 실체는 과거 젊은 스타트업 창업자에게 들이닥쳤고 아직도 아물지 않아 아리기만 한, 파산 직전의 악몽과 고통이다. 그에게는 걱정과 불안이 액셀레이터에 동력을 공급하는 배터리인 셈이다.

그는 "역경을 당할 때 더욱 집중한다. 그리고 집중할 때 더 좋은 성과를 낸다. 나는 우리가 없어지기 직전의 상태로 사는 걸 좋아한

다. 그래서 나는 그것을 즐기고, 그 상황에서 최선을 다한다"[28] 라고
말한다. 궁지에 몰린 감각은 때로 가장 꼭대기까지 우리를 밀어올린
다. 결국, 불안을 성공의 원동력으로 삼는 법을 아는 자만이 고지에
오를 수 있는 것이다.

조직 구성원에게
아낌 없이 시간을 쓰다

누구와도 일대일 미팅을 하지 않는다

글로벌 기업 경영자들의 회의 실태가 《포천》을 통해 소개된 적이 있다. 길고 잦은 회의를 좋아하는 경영자는 없다. 하지만 회의를 전혀 하지 않고 기업을 운영할 수는 없다.

덴마크 보석 제조업체이자 소매업체인 판도라 CEO 알렉산더 라식Alexander Lacik은 "너무 많은 회의는 결국 필요하든 아니든 모든 부서가 다른 부서에 뒤지지 않는 주목을 받으려는 이슈로 귀결된다. 실제로 불균형한 가치를 이끌어내는 두세 가지 행위만 있을 뿐, 나머지는 배경 소음이다"[29]라고 불만을 토로했다. 그와 별개로, 회사 일을 하다 보니 흘러가버린 시간에 대한 아쉬움도 컸다. 라식은 "시간은 가고, 나는 커리어의 종말을 향해 나가고 있다. 가치가 큰 일에 나 자신을 투입하는 쪽으로 훨씬 더 많이 노력하고 있다"[30]라고 말했다.

화상 회의 서비스 업체인 줌 비디오 창립자 에릭 유안^{Eric S. Yuan}은 "많은 회의로 극심하게 시간이 모자라다"라면서 "직원들이 더 열정적으로 일하는 동시에, 그들과 내가 함께 할 수 있도록 '디지털 쌍둥이'를 개발 중이다"라는 아이디어를 공개했다. 이커머스 거인인 쇼피파이^{Shopify}는 3인 이상의 모든 사내 회의를 금지했다. 직원들에게 다른 업무를 할 더 많은 시간을 주자는 취지였다.[31]

원래 격식 없는 회의를 즐기는 M7 멤버 아마존 CEO 제프 베조스까지도 회의 시간을 아끼는 움직임에 동참하고 있다. 회의 참가자는 각자 파워포인트 대신 여섯 페이지짜리 메모를 준비한다. 본격적인 회의 시작 30분 전에 조용히 자료를 읽은 후 진지한 토론에 들어가는 방식이다. 반면 애플 창업자 스티브 잡스는 단둘이 걸으며 하는 미팅을 아주 좋아했다. 엔비디아 CEO 젠슨 황은 시간 관리를 누구보다 철저히 한다.

"지금이 가장 중요한 시간이다. '지금'에 전념하라."

"Now is the most important time, just dedicate yourself to now."[32]

그의 시간관을 압축적으로 보여주는 말이다. 모든 시간이 '지금'에 맞춰져 있기에, 과거나 먼 미래로 신경을 분산하지 않는다. 이러한 생각을 실행하고 있다는 증거가 있다. 젠슨 황에게는 시계가 아예 없다. 2023년 10월 17일 열린 중미반도체협회 행사에서 그는 "나는 시계를 차지 않는다"[33]라고 깜짝 공개했다. 매 순간 집중하면서 살기 때문에 굳이 시간을 볼 필요나 여유가 없는 것이다. 그런 이유로 젠슨 황은 '시간을 물으면 안 되는 사람'으로 희화되기도 했다.

그러니 젠슨 황이 얼마나 회의를 싫어할지 짐작이 간다. 그의 스케줄에 '회의'란 단어는 낄 자리가 없어 보인다. 급기야 그는 "나는 조직 내 누구와도 일대일 미팅을 하지 않겠다"[34]라고 공언했다. 엔비디아 임직원은 각자 알아서 판단하고 일할 능력이 있는 사람들이니 회의할 시간에 자기 업무에 더 집중하라는 뜻이다.

도움을 요청하면 만사 제쳐두고 달려가는 이유

젠슨 황은 "잦은 회의가 스케줄을 어수선하게 만들며, 문제를 해결하고 효과적으로 일하고 투명성을 유지하는 더 넓은 차원의 조직 능력을 방해한다"[35]라며 결론 내렸다.

하지만 이렇게 해도 젠슨 황에게는 하루 24시간이 아니라 48시간도 부족하지 않을까? 젠슨 황은 과거 일본 교토의 은각사를 방문했다가 우연히 만난 정원사로부터 '시간은 충분하다'는 깨달음을 얻었다. 시간이 충분하려면 일상의 생활을 매우 효율적으로, 조금이라도 버리는 틈 없이 스케줄대로 해나가야 한다. 그래서 그는 아침 눈을 뜨면 하루 중 가장 중요한 일부터 우선순위를 두고 집중적으로 해결해 나가며 시간을 확보한다. 엔비디아 CEO가 전 세계 곳곳에 동에 번쩍, 서에 번쩍 나타나고 온갖 발표와 강연에 나서면서도 이 기업을 업계 최고로 이끌어가는 비결이다.

그래도 의문은 남는다. 회의도 거의 없는 조직에서 이메일 교환만으로 해결되지 않는 문제가 발생할 때는 어떻게 할까? 반드시 대면해서 대화해야 하는 상황이 있기 마련이다. 회의를 아예 하지 않으면 일개 직원은 다가서기도 어려운 CEO라는 비난을 받을 수도 있다.

오해의 소지가 생기는 대목에 대해 그는 적극적으로 해명했다. 일대일 미팅을 하지 않는다는 원칙에도 불구하고, 예외는 있다는 것이다. 직원이 고민이나 해결하기 어려운 문제를 가지고 특별히 대면 요청을 할 때는 그가 직접 응답한다. "그들이 나를 필요로 하면, 나는 만사를 제쳐두고 달려가 그들을 돕는다."[36]

직원들이 난관에 빠져 허우적거리고 헤맬 때, 단 10분이라도 그들과 함께 고민하고 문제를 해결하며 상대에게 자신감을 불어넣는 그 시간의 가치는 무엇과도 비교할 수 없다는 것이 그의 철학이다. 원 포인트! 젠슨 황이 시간을 아끼는 이유는 바로 '그때'를 위한 것이다.

지금이 가장 중요한 시간이다.
'지금'에 전념하라.

대체 불가능한 존재가 될 것

업계의 표준이 되다

초코파이를 싫어하는 사람이 있을까. 원형 빵 전체를 초콜릿으로 얇게 감싼 이 달달한 제품이 '초코파이'라는 이름으로 처음 선보인 때가 1974년이다. 초코파이가 크게 히트하자, 이를 변형한 유사 제품이 쏟아졌다. 심지어 지역 기반의 제과점들이 크기, 모양, 성분 등을 변형시켜 독자적으로 만든 빵도 '○○ 초코파이'라고 이름 붙인다. 하여튼 유사품이 진열대에 보이면 소비자들은 "새 초코파이 나왔네"라고 말한다. 특정 기업의 상품명이 업계 표준이 되면서 나타나는 현상이다.

이를 AI 업계로 적용해 보면, 초코파이 같은 핵심 역할을 하는 제품이 바로 엔비디아의 GPU다. GPU는 기능적으로 AI 업계의 쌀 같은 존재다. 쌀이 없으면 밥을 지을 수 없지 않은가. 뇌과학자는 GPU를 '뉴런'이라고 부르겠지만 말이다. 엔비디아는 GPU 공급자로서 거의 독보적 위치를 점유하고 있으며, 빅테크들은 엔비디아의 GPU를 확보하기 위해 가격을 따지지 않고 주문을 넣는다. 그렇기에 AI 서비스 기업보다 AI 학습 및 추론에 필요한 AI 반도체를 만드는 엔비디아가 먼저 돈을 버는 것이 현재 업계의 구조다.

그런데 AI칩을 가리켜 만국공통어처럼 사용하는 'GPU'라는 이름은 엔비디아 CEO 젠슨 황에게 아주 특별한 의미가 있다. 원래 존재하지 않았던 GPU라는 용어를 만들고, 이를 널리 보급하여 일반화하고, 지켜가는 원조가 바로 그이기 때문이다.

이는 업계에서도 매우 중요하다. AI 세상은 사실상 GPU 없이는 돌아갈 수 없기 때문이다. 'AI=GPU=젠슨 황'이라는 등식을 만들려는 그의 행보는 엔비디아 CEO의 마케팅으로 보아야 할까, 아니면 'GPU는 내가 원조 맛집'이라는 자존심으로 봐야 할까? 엔비디아는 홈페이지를 통해 GPU의 기원을 다음과 같이 공지한다.[37]

> 1999년 8월
> 엔비디아 업계 최초의 그래픽처리장치 '지포스256' 런칭

앞서 1장에서 GPU의 기원을 소개한 바 있다. 굴지의 파운드리인 TSMC와의 동맹은 엔비디아에게 제2의 창사에 버금가는 대사건이었다. 또한 두 회사가 합작한 지포스256은 어디에 내놓아도 부끄럽

지 않은 수준의 제품이었다. 그것은 '모든 것의 한계까지 밀어붙인다' 는 엔비디아 정신의 결과물이었다. 젠슨 황은 과감하게 자사 제품에 CPU에 버금간다는 뜻으로 GPU라는 이름을 붙였는데, 이것이 GPU 라는 이름의 기원이다.

하지만 엄밀하게 말하자면, 3D 그래픽 출력과 학습 및 추론을 담당하는 AI는 사실상 다른 영역이다. 각각의 두 영역을 담당하는 반도체를 똑같이 'GPU'라고 부르는 것은 정확하지 않은 표현이다.

그러나 엔비디아 입장에서 GPU는 핵심 제품명일 뿐 아니라, 회사의 정체성이자 업계 주도권의 상징이다. 아마도 영원히 이 이름을 포기하지 않을 듯하다. 감히 보스, 더 나아가 AI 대부가 작명한 이름을 바꿀 수는 없으니까 말이다. 따라서 엔비디아 CEO는 어느 자리에 가든 GPU라는 이름에 관한 질문을 받을 수밖에 없다. 그는 2023년 10월 7일에 열린 중국계 미국인 반도체 전문가 협회 CASPA의 만찬 연회에서 다음과 같이 설명했다.

"GPU의 'G'는 원래 '그래픽'을 뜻했다. 오늘날에는 그래픽보다 훨씬 많은 것을 뜻한다. 우리는 임무를 바꿨다. 난 결코 그 이름은 바꾸지 않았다!"

"As you know, the G in GPU originally stood for graphics, And today, we do much, much more than graphics. We changed the mission. I just never changed the name!"[38]

이 말을 좀더 풀어보자면, GPU는 단순히 '그래픽'을 넘어 다목적, 다차원, 다기능의 제품으로 진화했다는 뜻이다. 그래서 원래의 기능과 달라졌다 하더라도, 이름만큼은 GPU로 불러야 한다는 뜻을 고수하겠다는 말이다.

머신러닝 시대의 필수 요소가 된 GPU

간단한 말인 것 같지만 그리 간단하지 않다. 엔비디아가 생산하는 GPU의 등장은 게임, IT, 컴퓨터의 역사와 판도를 바꾼 사건이기 때문이다. 컴퓨터를 돌리고 운영하는 반도체의 대명사는 인텔이 선점한 CPU(중앙처리장치)다. 물론 CPU는 지금도 컴퓨터에서 중요하지만 AI 모델을 구현하는 데 필수인 머신러닝(기계학습)을 하는 데는 불충분하다. CPU로도 기계학습을 할 수는 있지만, GPU의 도움이 없으면 속도 면에서 엄청나게 느리다. 사실상 GPU가 머신러닝의 필수가 될 수밖에 없는 이유다.

엄청난 양의 데이터를 전송하는 고급 그래픽, AI 연산 등을 건축물 짓기에 비유해 보자. CPU와 GPU의 차이가 분명해진다. CPU는 건축물을 설계하고 시공 운영 계획을 가진 소수 브레인들의 집합이라고 한다면, GPU는 건축물을 실제로 쌓아서 완공할 수많은 '노가다', 정제된 언어로 '건축 인력의 집합'이라고 할 수 있다.

소수 브레인 집단이 건축물을 쌓아올리는 작업까지 한다면 완공까지는 하세월이 걸릴 수밖에 없다. 비효율의 극치다. 그런데 CPU를 연결한 GPU가 이 작업을 떠맡으면 최고의 효율성을 발휘한다. 수많은 인부들이 달라붙으면 건축물을 예정한 기간에 올릴 수 있다. GPU는 이 부분에서 대단한 성과를 낸다. CPU 혼자 일할 때보다 수백 배에서 수만 배로 가속하는 능력이 GPU의 진가다.

일반적인 앱과 프로그램 실행이라면 CPU 성능이 절대적인 비중을 차지한다. 2D 그래픽 출력까지도 CPU가 충분히 소화할 수 있다. 하지만 게임 등에 널리 활용되는 3D 그래픽 출력이 요구되면서, CPU는 대규모 연산을 빠르게 처리해야 하는 3D 그래픽 출력 능력을 갖춘 GPU가 급부상하는 상황을 지켜보아야 했다.

젠슨 황과 엔비디아는 1990년대 중반 들어 고사양 3D 게임을 요구하는 시장 트렌드를 포착하고 3D 게임 출력에 적합한 컴퓨터 하드웨어, 즉 GPU를 내놓아 시장의 강자로 올라섰다. 게이밍을 가속화하는 반도체를 업그레이드하던 중 이 기술을 2010년대 중반부터 머신러닝에 적용하며 AI 세계의 중심에 자리 잡은 것이다. AI 서버에 탑재한 CPU가 AI 학습 및 추론을 위해 명령을 하면 데이터센터 GPU 안의 처리장치와 '고대역폭 메모리'라고 부르는 HBM D램이 데이터를 빠르게 주고받으며 AI를 구현해 가는 시스템이 완성됐다.

GPU가 바로 나다!

GPU라는 이름을 공동으로 사용하는 한 지붕 세 가족이라고 할 만큼, PC에서 클라우드 데이터센터에 이르기까지 AI 가속기 생태계는 크게 세 가지 영역으로 구분할 수 있다. 프로세서와 플랫폼에 통합된 '신경망처리장치NPU', PC와 워크스테이션 수준에서의 '그래픽처리장치GPU', 대규모의 AI 처리에 특화된 '데이터센터 GPU'다. 각 영역은 모두 각자의 특징과 장점이 있으며, 향후에는 세 종류의 하드웨어가 각자의 영역에서 골고루 사용될 것이다.

이 중 젠슨 황을 AI 대부로 만들어준 AI칩은 추론 및 학습용으로 기업, 국가 인프라에 공급하는 A100, H100, B100 같은 데이터센터 GPU다. 데이터센터용은 3D 그래픽 출력 기능이 없다는 점이 특징이다. 원래 GPU가 붙어 있는 그래픽카드 뒷면에 그래픽 출력을 위한 HDMI와 DP 단자 등이 있어야 하는데, 데이터센터 GPU에는 이런 것이 없다.

즉, 데이터센터 GPU는 이름만 GPU일 뿐, 사실상 AI 학습 및 추론에 최적화한 하드웨어다. 대신 트랜스포머 기술을 빠르게 처리하는 '트랜스포머 엔진', 매개변수(파라미터)가 1조 개가 넘는 초거대 AI거대언어모델, LLM를 학습 및 추론하기 위한 데이터센터 GPU 간 초고속 연결 기술인 'NV링크' 등 AI 모델의 학습 및 추론을 가속화하기 위한 다양한 특별 기능을 장착하고 있다.

엔비디아가 그래픽과 별 관련성 없는 AI칩조차 GPU라고 강조하는 것은 CEO의 고집 아닐까? 사실 과거의 컴퓨터에는 GPU라는 부품이 아예 없었다. 2D 그래픽 출력 처리 장치는 그야말로 작은 부속품에 불과했다. IBM이 이 부품을 부른 이름은 'VGA(비디오 가속)'였다. 젠슨 황은 이 이름이 상당히 마음에 들지 않았던 것 같다.

"AI칩을 왜 꼭 GPU라고 불러야 하는가?"라는 질문에 젠슨 황은 "이건 GPU라고 부르지만, 아주 다양한 일을 수행한다. 항상 바뀌어 나간다. 그러니 (이름에 대한) 좋은 아이디어가 있다면 알려달라!"[39]라고 답했다.

'아무것도 묻지도 따지지도 말고 GPU로 부르자'는 마음을 담은 완곡한 호소처럼 들린다. 역시 'GPU는 내가 만든 거야'라는 원조의 자부심이 느껴진다. 최초의 GPU인 지포스256이 출시된 지 올해로 25주년이니, 그가 자부심을 느낄 만하다 싶다. 세상에 없던 것을 만들어서 25년간 그 이름을 지켜오는 것은 쉬운 일이 아니지 않은가. 이 같은 원조의 고집과 자존심이 엔비디아를 대체 불가 기업으로 만든 바탕이 아니었을까.

적들을 압도적인
차이로 따돌리다

'양치기 소년'을 거부하는 실행력

앞일을 계획하는 건 쉬운 일이 아니다. 그러나 정말 어려운 것은 그 계획을 실행하는 것이다. 우리가 마음먹은 일들은 여러 이유로 어그러지기 일쑤이기 때문이다. 오죽하면 전설의 '핵주먹' 마이크 타이슨이 이렇게 말했을까. "누구나 계획은 갖고 있다. 나에게 맞아보기 전까지는."[40]

첨단 기술과 관련되면 실행이라는 허들은 더욱 높아진다. 테슬라 Tesla CEO 일론 머스크의 자율주행 로보택시 사업을 보면 알 수 있다. 일론 머스크는 수년간 주주들에게 로보택시 출시를 약속해 왔고, 그에 대한 기대감으로 테슬라 주가가 프리미엄을 얻은 것도 사실이다. 그러나 약속은 모두 어그러졌다. 그는 2015년에 "3년 안에 완전 자율주행을 달성할 것"이라고 공언했고, 2016년에는 "내년 말까지 테슬라 차량 중 하나를 인간의 개입 없이 국토 횡단하게 할 수 있을 것"이라는 청사진을 내밀었으며, 2019년에는 "2020년까지 로보택시 100만 대를 도로에 투입할 것"이라는 거대한 환상을 심어주었다.[41] 그러나 이 중 지켜진 약속은 거의 없다.

적어도 투자자라면 일론 머스크의 약속이 주가와 연결되어 있음을 알 것이다. 머스크는 2024년 4월 부진한 1분기 실적을 발표하는 순간까지도, 로보택시 무인 교통 네트워크 개발은 테슬라의 비전임을 강조하며 흔들리는 투자자들의 '충성심'을 다잡았다. 결국 로보택시 출시 일정을 맞추지 못하면서 비난이 이어지자, 머스크는 2024년 8월 8일로 출시 날짜까지 구체적으로 못 박았다.

월가에서는 그사이에도 머스크의 말을 의심했지만 로보택시 출시 약속이 효과를 보았던지(테슬라의 에너지저장시스템ESS 사업의 기대와 맞물려), 150달러 아래로 내려가 있던 주가가 순식간에 반등했다. 속내는 정확히 알 수 없지만, 머스크는 7월 10일 X(구 트위터) 계정에 테슬라 로고를 합성한 태극기를 올리며 한국인은 똑똑하다고 칭찬했다. 그리고 그다음 날 로보택시 출시는 또다시 10월로 연기된다고 발표했다. 그 발표로 주가는 다시 아래로 출렁거렸다. CNBC는 "테슬라는 아직 로보택시를 '레벨 3' 자율주행 차량으로 전환할 수 있는 기술을 보여주지 않고 있다"[42]라고 꼬집었다.

머스크가 '양치기'에 가까울지언정, 테슬라 지지자들은 첨단 기술의 선도자라는 점에서 그를 계속 지지하고 있는 듯하다. 언젠가는 실현될 일이겠지만 머스크의 로보택시 출시 약속이 몇 번이나 더 미루어질지 알 수 없는 일이다. 이 에피소드는 첨단 기술을 개발하고 실행하는 일이 얼마나 어려운지 잘 보여준다.

반면, 엔비디아의 강점은 압도적인 실행력이다. 엔비디아가 추구하는 첨단 반도체 기술과 공정은 하루아침에 이루어낼 수 있는 수준이 아닌데도 그는 약속을 실현해 낸다. 젠슨 황은 컴퓨텍스 2024에서 "오늘날 우리는 컴퓨팅의 중대한 변화의 정점에 서 있다. AI와 가속화된 컴퓨팅의 교차점이 미래를 재정의할 것"[43]이라고 전제한 후, 2년이던 신제품 개발 주기를 절반으로 단축하여 1년 만에 GPU의 혁신적인 다음 버전을 내놓겠다고 선언했다.

과연 준비가 되어 있지 않다면 가능한 일일까? 그 약속을 차질 없이 매년 지킬 수 있다는 것은 올해 새 라인업이 발표되는 순간에도 차기, 차차기, 차차차기 라인업이 진행되고 있음을 뜻한다. 엔비디아는 이미 첨단 반도체 개발에서 가장 앞선 선두 기업이다. 그런데 신제품 개발 주기를 또다시 절반으로 단축한다면, 다른 기업은 엔비디아의 최첨단 버전을 겨냥한 제품을 만들 생각을 못 한다. 사실상 엄청난 초격차 전략이다. 미국 IT 전문 매체 《톰스 하드웨어Tom's Hardware》의 프리랜서 기자 크리스토퍼 하퍼Christopher Harper는 "AI가 가져다준 하드웨어 기회를 엔비디아가 움켜쥐었고, 이 업계에서 그 누구도 엔비디아를 앞서려 하거나 앞설 수 있을 것 같지 않다는 데는 의심의 여지가 없다"라는 견해를 내놓았다.

실행은 많은 말을 필요로 하지 않는다

컴퓨텍스 2024는 AMD나 인텔 같은 경쟁 기업이 기술적으로 엔비디아를 추격할 수 없을 것이란 '회의론'을 이끌어낸 무대였다고 할 수 있다. 그곳에서 젠슨 황은 다음과 같이 밝혔다.

"엔비디아의 리듬은 1년 주기다. 우리의 기본 철학은 매우 간난하다. 전체 데이터센터 규모를 구축하고, 1년 주기로 구성 부품을 판매하며, 모든 것을 기술의 한계까지 밀어붙이는 것이다."

"Our company has a one-year rhythm. Our basic philosophy is very simple: build the entire data center scale, disaggregate and sell to you parts on a one-year rhythm, and push everything to technology limits."[44]

놀라웠던 건 그 자리에서 2026년부터 1년 주기로 출시될 차차세대 플랫폼 '루빈Rubin'의 이름과 로드맵이 공개되었다는 점만이 아니었다. 차세대 플랫폼 '블랙웰Blackwell'의 출시 공개가 불과 3개월 전이었다는 점이 더욱 놀라운 부분이다. 3개월 만에 차차기 버전을 공개하다니!

우주 암흑물질과 은하 회전 속도를 연구한 미국 천문학자 베라 루빈Vera Cooper Rubin의 이름을 딴 루빈Rubin은 새로운 GPU, 새로운 Arm 기반 CPU인 '베라Vera', NV링크6NVlink6, CX9슈퍼NICCX9superNIC 등을 탑재하여 고급 네트워킹을 특징으로 하는 최첨단 플랫폼이라 할 수 있다. 이것이 얼마나 대단한 물건일지는 상상하기 어렵다. 출시 전부터 블랙웰이 '괴물'로 불린 것을 감안하면 말이다. 6세대 고대역폭메모리^{HBM}인 HBM4 여덟 개를 장착하는 루빈은 무조건 블랙웰을 뛰어넘는 버전일 수밖에 없기에, '괴물 이상의 괴물'을 기대하게 한다.

젠슨 황은 전 세계 모든 AI 기업들이 사려고 줄을 서는 GPU 'H100' 주문이 밀려 있는데도 안주할 생각이 전혀 없는 듯 보인다. 2020년 암페어 기반의 'A100', 2022년 호퍼 기반의 H100 출시에 이어, 2024년 3월 블랙웰 기반의 'B100'을 공개하고도 출시 스케줄을 더욱 바짝 조인 것이 이를 방증한다.

"엔비디아의 리듬은 1년 주기다"라는 보스의 방침을 전해 들은 엔비디아의 구성원들이 평소 어떻게 일을 할지는 안 봐도 알 수 있다. 이토록 타이트한 스케줄을 차질 없이 수행하려면 직장에서 단 한 순간도 시간을 낭비할 수 없다. 중압감도 대단할 것이다. 그 대가가 연봉 및 성과급 보상, 직장에 대한 자부심으로 돌아오지 않는다면 견뎌내기 어려운 업무 환경이다.

1년 주기 신제품 라인업은 엄청난 도박이다. 일정을 맞추는 것만 중요한 게 아니다. 신제품에서 혁신적 요소가 보이지 않고 제품력에서 자그마한 하자만 있어도, 시장은 떠들썩해지고 주가는 밑으로 출렁거릴 것이다. 실망감은 엄청난 역효과를 불러오고, 회사에 대한 신뢰가 떨어지는 사이클에 돌입한다. 엔비디아처럼 평소 신제품 출시 약속을 잘 지키고, 3개월마다 돌아오는 실적 발표에서 대부분 기대치보다 높은 결과를 내는 기업이라면 그 충격은 더할 것이다. 그럴

바엔 차라리 아무런 약속도 하지 않는 편이 더 낫다. 모든 것을 다 가진 선두 기업이 이처럼 누구보다 치열하게 앞서간다.

여기서 젠슨 황의 말을 더 자세히 뜯어볼 필요가 있다. 사실 "엔비디아의 리듬은 1년 주기"라는 말보다 더 무서운 것은 "모든 것을 기술의 한계까지 밀어붙인다"라는 표현이다. 현 시점에 존재하지 않는 최고의 기술을 내놓겠다는 야심이다. 크리스토퍼 하퍼의 지적대로 향후 마땅한 도전자가 나타나지 않는다면 엔비디아는 자기 자신과 싸워야 한다. 'AI 대부' 젠슨 황은 그 길을 택한 것으로 보인다.

실행은 많은 말을 필요로 하지 않는다. 자신을 극한으로 밀어붙이는 자에게는 더더욱 그렇다. 전 세계에서 열리는 온갖 행사를 떠돌며 AI 시대의 메시지를 쏟아내는 젠슨 황도 말수가 적은 편은 아니다. 그러나 그의 말에는 무게가 있다. 지금껏 실행을 통해 약속을 지켜왔기에 가볍게 내뱉는 말로 치부되지 않는다. 말은 누구나 할 수 있다. 실행은 그렇지 않다.

좋아하는 일을
될 때까지 할 것

티인의 끈기를 알아보다

기업을 운영하거나 삶을 살아가는 고유한 방식은 철저히 개인이 가진 철학을 따른다. 김성근 전 SK와이번스 감독을 몇 차례 만난 적이 있다. 승부사로 유명한 그는 확실한 승리를 위해 팀이 10점을 앞서고 있어도 번트를 대도록 하는 식의 야구를 구사해서 비난을 받기도 했다. 하지만 이 문제에 대한 그의 태도는 단호했다.

김 감독의 철학은 '다음 공은 없다'는 뜻의 '일구이무一球二無'다. 그는 이에 관해 이렇게 말했다. "우리가 아무리 유리한 상태라 하더라도 상대 팀의 눈빛에서 이겨보겠다는 의지가 조금이라도 살아 있다면 난 그것을 완전히 꺼뜨리기 위해 모든 것을 한다."

이러한 철학은 숱한 경험과 학습을 통한 일련의 깨달음으로 완성된다. 이 과정이 부족하다면 좀더 높은 철학적 단계로 올라서기가 어렵다. 그래서 프로페셔널한 분야에서 활동하는 이들은 상승의 동력을 얻기 위해 이런저런 시도를 해본다.

영국 팝 그룹 비틀즈의 경우 영감(깨달음)을 얻기 위해 1968년에 인도 북부의 힌두교 성지 리시케시로 떠났고, 힌두교도들이 수행하며 거주하는 공간인 아쉬람에서 7주간 생활했다. 1963년 데뷔 이후 5년 만의 일이었다. 네 명의 멤버는 초월명상 지도자로 유명한 요가 지도자 마하리시 마헤시를 만나 가르침을 얻었다. 신비주의 마케팅이란 의혹을 불식시키려는 듯, 비틀즈 멤버들은 갠지스강에서 무려 48개의 곡을 썼다. 특히 명상과 요가의 영향을 가장 많이 받은 기타리스트 조지 해리슨은 명상의 진동이 우주의 영역에 있으며, 이것이 자신이 신과 연결하는 방식이라고 했다.

목마른 자만이 얻을 수 있는 깨달음

AI 세상에 대한 선견지명을 가지고 엔비디아를 일군 젠슨 황 역시 인생 전체를 통해 가장 큰 깨달음을 준 사건 하나를 강조한다. 그 깨달음은 놀랍게도 자신이 속한 테크업계의 사건이나 인물과 만남에서 도출된 것이 아니다.

그는 매년 여름이면 해외로 떠나 여행과 일을 병행하는 시간을 보내는데, 자녀들이 10대이던 어느 해 여름에 일본 교토로 여행을 떠났다. 그곳의 은각사라는 절에서 그는 인상 깊은 장면을 마주치게 된다.

은각사는 교토 시내의 헤이안 신궁平安神宮 동쪽에 자리하고 있다. 이곳은 무로마치 막부의 부흥과 함께 탄생했다. 무로마치 막부의 3대 쇼군 아시카가 요시미쓰足利義満는 남북조로 분열된 나라를 57년 만에 재통일하고, 1397년 자신의 위세를 과시하기 위해 금박으로 입힌 3층 건물 금각사를 건축했다. 요시미쓰의 손자인 8대 쇼군 아시카가 요시마사足利義政는 1482년에 금각사를 모델로 산장, 연못을 포함한 은각사를 지었다. 그 역시 할아버지처럼 금빛 찬란한 건물을 만들려 했지만 오닌의 난이 발생하는 바람에 급한 대로 관음전에만 은박을 입혔다. 이것이 은각사의 기원이다. 이곳은 요시마사의 유언에 따라 불교 사찰이 됐다.

정식 명칭이 '지쇼지慈照寺'인 은각사는 정원 조경, 꽃꽂이, 다도, 묵화를 보급했으며 많은 예술가, 도예가 등을 지지한 문화·예술 후원자 요시마사의 근거지로, 안온하고 고요한 분위기와 사색적 공간 조성이 돋보이는 곳이다. 또한 은각사와 맞닿는 '철학의 길'은 이곳 분위기를 대변하는 공간으로 긴카쿠지미치 역에서 내린 뒤 은각사로 들어가는 1.9킬로미터의 산책로다. 교토대학 교수였던 철학자 니시다 기타로가 사색하며 즐겨 걸었다고 해서 붙은 이름이다.

젠슨 황은 이곳에서의 일화를 캘리포니아 공과대학 졸업식에서 다음과 같이 풀어놓았다.[45] 은각사의 잘 조성된 정원을 둘러보고 있을 때, 한 노인의 모습이 젠슨 황의 눈에 들어왔다. 땀이 줄줄 나고 숨쉬기도 어려운 한증막 같은 야외에서 무언가를 열심히 하는 노인의 행동에 호기심이 발동한 그는 조심스럽게 다가섰다. 노인은 대나무 집게를 들고 나뭇잎 따위를 정리하고 있었다. 젠슨 황이 무엇을 하고 있는지 묻자, 정원사는 "죽은 이끼를 골라내고 있다. 정원을 관리하는 중이다"라고 했다.

그 말에 젠슨 황은 깜짝 놀랐다. 그 정원의 공간은 너무 넓어서 그런 식으로 이끼를 골라낸다면 영영 일이 끝나지 않을 듯했기 때문이다. 젠슨 황은 "하지만 이 정원은 (당신이 감당하기에) 너무 크나"라며 정원사에 대한 걱정을 담아 말했다.

정원사의 답변은 뜻밖이었다. 그는 아무렇지도 않다는 표정으로 "25년간 정원을 가꾸어왔고, 시간은 충분하다"라고 했던 것이다. 누군가는 우둔하다며 비웃었을 수도 있는 말이다. 우공이산愚公移山의 고사가 떠오르는 것도 사실이니까.

그러나 정원사와의 짧은 만남은 강렬한 임팩트를 남겼고 향후 젠슨 황의 생각 자체를 바꿔놓는 사건이 되었다. 젠슨 황은 정원사와 나눈 말이 마치 종교적 각성처럼 "내 인생에서 가장 심오한 깨달음이 됐다"라고 했다. 그가 여기서 깨달은 것은 과연 무엇이었을까? 그것은 다음과 같았다.

"정원사는 자기 자신을 그 기술을 갈고닦는 데 바쳤고, 그것을 평생의 업으로 해나가고 있다. 그렇다면 당신이 무슨 일을 하든 시간은 충분하다."

"This gardener has dedicated himself to his craft and doing his life's work. And when you do that, you have plenty of time."[46]

즉, 정원사가 자신의 기술에 전념해 평생을 바쳐 일한 것처럼 하면, 아무리 어렵더라도 일을 끝까지 해낼 시간은 충분하다는 의미다. 이러한 깨달음을 통해 젠슨 황은 "시간은 충분하다. 하면 된다"라는 특유의 '시간 사용법'을 확립했다. 어떤 일이든 시간에 쫓기지 않고 목표를 완성해 낼 '뚝심'을 갖게 되었을 뿐 아니라, 시간 사용의 우선순위를 정해 일하게 된 것이다.

그는 이어서 "아주 정확히 똑같은 방식으로 매일 아침 시간을 보낸다. 가장 중요한 우선순위를 다루며 하루를 시작한다. 직장에 가기도 전에 나의 하루는 이미 성공이다. 나는 가장 중요한 일과를 이미 끝마쳤고, 남들을 돕는 데 나머지 시간을 사용할 수 있다. 그들이 시간을 뺏는다며 미안해할 때마다, 나는 항상 시간은 충분하다고 말하고 내 일을 한다"[47]라고 설명했다.

우연한 장면의 목격, 거기서 자신의 업과 연결해 의미를 도출해 내는 힘, 그리고 그것을 실천으로 옮기는 실행력. 매 순간 자신을 발전시키는 데 목말라 있지 않다면 지닐 수 없는 능력이다. 결국, 그가 찾아낸 이 교훈은 그가 항상 깨달음에 목말라 있었기 때문에 얻을 수 있었던 가르침이었다.

우연한 성공은
복습해서 자신의 것으로 만들기

행동의 근거가 되는 사고법

살인자도 '기억법'을 가지고 있다. 전 세계가 매년 펄펄 끓는 여름을 맞고 있는데도 전 미국 대통령 도널드 트럼프는 기후 변화는 사기라고 주장하지 않는가? 그 역시 나름의 논리가 있고, 그런 의견을 지지하는 사람들도 적지 않다.

그의 논리는 '미국을 다시 에너지 독립국가로 만들겠다Make America Energy Independent Again'라는 캠페인으로 설명된다. 석유를 캐서 경제에 활력을 불어넣고 일자리를 창출하겠다는 계획이다. 독일 본대학의 경제학자 플로리안 짐머만Florian Zimmermann 교수는 개인이 해로운 행동을 계속하면서도 인지부조화를 극복하고 긍정적인 자아상을 유지하게 해주는 이러한 사고 과정을 '동기 부여 사고법'이라고 칭한다.

일론 머스크의 물리학적 사고법

이처럼 사고법은 개인과 조직의 판단, 행동의 근거로 작용한다. 기업 경영자가 어떤 논리와 사고법을 가지고 있는가는 기업의 전략과 직결될 수밖에 없다. 예를 들어, 테슬라 CEO 일론 머스크는 사업을 판단할 때 '물리적 사고의 틀'을 가동하는 것으로 유명하다.

그는 "나는 사물을 물리적 사고의 틀로 접근하는 경향이 있다. 물리는 유추보다는 사고의 제1원칙에 근거해 사고하는 방법을 가르쳐준다"라고 했다.[48]

여기서 말하는 '사고의 제1원칙'은 물질의 근본적인 것까지 파고든 뒤 거기서부터 사고를 끌어올리는 방식이다. 즉, 외연으로부터 점점 파고들어 더 쪼개어 들어갈 수 없는 물질의 순수한 본질에 도달하는 것이다. 펜실베이니아대학에서 물리학과 경제학을 복수한 그다운 사고방식이다.

머스크는 스페이스X 사업에서 '우주여행은 왜 비싼가?'라는 질문에서 사고를 가동시켰다. 사고의 다음 단계는 우주선이 어떤 재료로 만들어지는가에 이르고, 그 재료들은 소비재로서 시장에서 어떤 가치가 있고, 얼마에 조달할 수 있는가에 이른다.

엔비디아 CEO 젠슨 황도 일론 머스크의 사고법에 필적할, '사고의 제1원칙'을 엔비디아 임직원들에게 요구해 왔다. 전략적 사고에 관한 것이다. 그는 이에 관해 2024년 3월 6일 〈뷰 프롬 더 톱〉에서 이렇게 말했다.

"일이 완성된 방식을 배우면 제1원칙으로 돌아가 자신에게 물어보라. '오늘의 상황, 나의 동기, 수단들, 도구들, 일이 변한 방식을 감안해, 나는 어떻게 이것을 다시 해낼까? 어떻게 그 전체를 재창조해 낼까?'"

"You can learn how something can be done and then go back to first principles and ask yourself, 'Given the conditions today, given my motivation, given the instruments, the tools, given how things have changed, how would I redo this? How would I reinvent this whole thing?'"[49]

그는 이 전략적 사고가 엔비디아라는 조직에 꼭 필요한 사고법이라고 강조한다.

투명한 바다와 같은 젠슨 황의 사고법

여기서 물리학 전공자인 일론 머스크와 공학 전공자인 젠슨 황의 사고법에 뚜렷한 차이점이 보인다. 둘 다 물질이나 일의 '본질'에 도달하려는 목적은 같지만, 과정이나 방식에서 차이가 나는 것이다.

일론 머스크는 더 쪼갤 수 없는 물질의 가장 작은 단위까지 파내려 가는 반면, 젠슨 황은 완성체인 기계 덩어리를 작은 부품들로 분해한 후 그것을 다시 완성체로 조립하는 전 과정을 마스터하고는 다시 한번 분해를 시도한다. 그때는 자신만의 노하우를 넣어 과거와 다른 새로운 완성체를 만들어낼 수 있다고 생각하는 듯하다.

젠슨 황은 어떤 일이 우연히 잘되었다고 해서, 그것으로 끝나서는 안 된다고 생각한다. 그는 철저하게 그 이치를 배우고 파악해, 몇 번을 다시 해도 자신 있게 재현할 수준이 되어야 한다고 믿는다. 그러고도 확실하지 않으면 자신에게 다시 해낼 수 있는지를 되물어야 한다는 것이다.

엔비디아 조직원들이 모두 이러한 전략적 사고 체계를 갖춘다면 업무나 프로젝트의 전 과정에서 불분명하거나 모순이 되는 부분은 없을 것이다. 설사 그런 부분이 전 세계 어느 장소에서 돌출된다고 해도, 해결이 가능할 뿐 아니라, 다음 단계를 예측할 수 있다.

모든 조직원의 뇌리에 이러한 사고법을 심어주는 일은 젠슨 황에게는 어떤 일과도 바꿀 수 없을 정도로 중요하다. 그는 "문제를 해결할 때 사고하는 방식을 설명하는 것은 엔비디아에서 나의 핵심 역할이다. 나는 항상 어떤 것을 통해 사고하는 방법을 사람들에게 보여준다. 그것은 전략적이다"[50]라고 했다.

젠슨 황의 사고법은 햇볕 쏟아지는 물 맑고 투명한, 얕은 바닷가를 연상시킨다. 하얀 파도 거품이 걷히면 투명한 바닷물 사이로 수많은 몽돌이 모래 위에 자리 잡은 모습이 속속들이 보이는 바다에서는 불순물이나 시야를 가리는 것이 있을 수 없다. 바로 그 투명성이 엔비디아라는 기업을 지탱하는 제1원칙이다.

일이 완성된 방식을 배우면
제1원칙으로 돌아가 자신에게 물어보라.
'오늘의 상황, 나의 동기, 수단들, 도구들,
일이 변한 방식을 감안해,
나는 어떻게 이것을 다시 해낼까?
어떻게 그 전체를 재창조해 낼까?'

자신이 하는 일을
사랑하는 마음

엔비디아의 프랜차이즈 스타

"내 혈관에는 마블의 피가 흐른다." 마블이 디즈니에 인수된 후 마블 부사장까지 올랐던 스카우터 겸 스토리 작가 C. B. 세블스키^{C. B.} Cebulski가 서울에 왔을 때 자신의 팔뚝을 걷어 보여주며 내게 한 말이었다. 공감이 갔다. 디즈니그룹의 임직원이 되었지만 마블에 청춘을 바친 그의 마음은 바뀌지 않는다는 뜻이었다. 한 회사를 자신의 운명, 정체성과 동일시하는 남다른 애사심이었다.

유명인이 그런 마음을 가지면 우리는 그를 '프랜차이즈 스타'라고 부른다. MLB 데뷔 연도인 1995년부터 은퇴 연도인 2014년까지 무려 20년간 뉴욕 양키스에서만 뛴 유격수 데릭 지터^{Derek Sanderson Jeter}는 양키스의 마지막 프랜차이즈 스타로 기억된다. 총명하고 섹시한 눈빛이 인상적인 그는 통산 타율 3할 1푼을 기록하면서 다섯 번이나 팀을 월드시리즈 우승으로 이끌었다. 거액의 몸값을 베팅하는 구단으로 이적하는 것이 관례인 프로스포츠의 세계에서 보기 드문 케이스였다. 양키스는 그 보답으로 데릭 지터의 등번호 2번을 영구 결번으로 처리했다.

AI 컴퓨팅 분야의 선두 기업 엔비디아에는 데릭 지터보다 더 열렬하게 회사와 한몸이 되어버린 사람이 있다. 창업자이자 CEO인 젠슨 황이다. 그는 스트라이프 2024 연례 콘퍼런스에서 스트라이프 CEO 패트릭 콜리슨Patrick Collison과의 대담 중에 엔비디아에 대한 자신의 마음을 드러냈다.

> "매일 내 일이 좋지는 않다. 매일 기쁘지도, 기쁨이 좋은 날을 정의하는 것도 아니다. (……) 그러나 나는 엔비디아를 매 순간 사랑한다."
>
> "I don't love every day of my job. I don't think every day brings me joy nor does joy have to be the definition of a good day. (……) But I love the company every single second."[51]

물론 그는 자신의 일을 사랑하지만, 그 일이 항상 자신에게 기쁨만 가져다주지는 않는다는 뜻이다. 일로 인해 고통받고, 힘들어지는 순간을 피할 수만은 없는 법이다. 그에게 유일한 진리는 어떤 순간이든 엔비디아를 사랑하는 마음만큼은 변함없다는 사실이다.

그 사랑의 증거가 바로 자신의 왼쪽 어깨에 새겨 넣은 엔비디아 로고 문신이다. 젠슨 황이 왼쪽 어깨 소매를 걷고 보디빌더 포즈로 그 문신을 보여주는 프로필 사진은 인터넷을 뜨겁게 달구었다. 검은 색으로 번들거리는 엔비디아 로고는 수술을 받기 전까지는 지울 수 없는 진짜 문신이다. 이 문신 하나로 젠슨 황은 자신이 이 회사를 어떻게 생각하는지 설명할 필요가 없어졌다. 자신의 육체에 엔비디아를 박제해 버렸으니 말이다.

창업자이니 그럴 수도 있다고 생각할 수 있지만, 미국에서도 CEO가 회사 로고로 문신하는 행위는 아주 파격적인 일이다. 미국 대기업 및 테크 기업의 50세 이상 CEO 중 회사 문신을 대놓고 자랑한 이는 거의 없다고 한다. 기행으로 유명한 테슬라 CEO 일론 머스크를 비롯해 애플 창업주 스티브 잡스, 마이크로소프트의 빌 게이츠, 아마존의 제프 베이조스, 메타의 마크 저커버그, 알파벳Alphabet 창업자 세르게이 브린Sergey Brin과 래리 페이지Larry Page 등도 문신을 공개한 적은 없다. 문화적 다양성과 자유로움으로 받아들여지는 미국에서도 글로벌 비즈니스의 세계에서는 문신이 금기시되는 것이다.

엔비디아 로고를 문신하다

젠슨 황은 언제, 무슨 마음으로 엔비디아 로고를 어깨에 새겨 넣었을까? 그의 문신은 2014년 10월 엔비디아 게이밍 페스티벌에서 공개되어 화제가 됐다. 정확히 언제 시술을 받았는지는 알려져 있지 않으나, 그는 엔비디아 주가 100달러 돌파 기념으로 임원들과 새겨 넣었다고 하니 그 즈음일 것이다.

문신 아이디어가 처음 등장한 곳은 6개월에 한 번씩 갖는 사외 워크숍 자리였다. 누군가가 회사 주가가 100달러가 되면 이벤트를 하자고 제안했고, 의견은 두 가지로 모아졌다고 한다. 하나는 머리를 밀거나 파란색으로 염색하기, 다른 하나는 머리 윗부분을 닭 벼슬처럼 세우고 옆머리를 미는 모히칸 스타일 하기였다. 《포천》은 2017년 10월, "또 다른 안은 젖꼭지 피어싱이었다"라며 숨겨진 이야기를 전하기도 했다.[52] 아마 두 가지 모두 젠슨 황이 받아들이기에는 과격했던 모양이다. 젠슨 황은 문신을 하기로 결정했고, 주가는 곧 100달러를 넘었다.

그는 문신하기까지의 과정을 담담하면서도 장난스럽게 설명했지만, 엔비디아에 대한 애정이 크지 않았다면 이런저런 핑계를 대며 나중을 기약했을지 모른다. 실제로 해보니 문신의 고통은 생각보다 컸다. 젠슨 황은 문신을 새길 때 아이처럼 울었다며, 같이 있던 아이들이 "아빠, 진정 좀 해요"라고 말할 정도였다고 후문을 전했다.[53]

아무리 회사를 사랑한다 해도 아픈 건 아픈 것이다. 문신 체험을 해본 그의 진짜 속마음은 어땠을까? 2023년 10월 26일, HP의 유튜브 채널 〈더 모먼트The Moment〉에서 진행자 라이언 패텔Ryan Patel은 다시 문신할 생각이 있는지 물었다. 젠슨 황은 "우아하게 늙고 싶다. 더이상 문신은 하지 않을 거다. 사람들이 이야기한 것보다도 문신은 훨씬 아프다"[54]라고 털어놓았다.

미국 언론에서는 젠슨 황의 문신을 가죽 재킷과 함께 그의 반항적 기질을 나타내는 것이라는 분석을 내놓기도 한다. 어깨와 팔뚝에 걸쳐 새긴 문신을 열정으로 보는 시선도 있다. 문신의 진짜 의도가 무엇이든 간에, 그가 엔비디아와 자신의 일에 대해 지닌 진정성이 그 누구보다 뜨겁다는 점이 중요하다. AI가 일상이 된 미래는 그를 엔비디아의 영원한 프랜차이즈 스타로 기억할 것이다.

대가를 덜 치르고
빨리 망하라

실패를 밑거름 삼아 전진하는 법

M7 멤버이자 글로벌 유통 공룡인 아마존은 원래 서점으로 시작한 세계 최대 전자상거래 업체다. AI 시대의 아마존은 방대한 빅데이터와 클라우드 인프라를 갖추고, 이 기술을 전자상거래에 적용해 나가고 있다.

아마존도 1994년 창업 이래 각종 사업에서 크고 작은 실패를 경험해 왔다. 2015년에 '아마존 데스티네이션스'라는 호텔 예약 사이트를 운영하다 같은 해 중단했고, 역시 그해 음식 배달 서비스 '아마존 레스토랑'을 열었다가 4년 만에 접는 굴욕을 맛보았다.《월 스트리트 저널》은 "아마존의 지난 4년간의 음식 배달 실험은 실패로 끝났다. 아마존 레스토랑의 몰락은 전자상거래 시장의 지배자이자 배송 역량을 자부해 온 그들로선 드문 실수다"[55]라고 지적하기도 했다.

그러나 실패는 성공의 밑거름을 위한 중요한 자산이 된다. 미국 대통령 선거에서 4년마다 치열한 세력 대결을 벌이는 민주당과 공화당 양당이 선거 전략을 짤 때 가장 우선시하는 것은 "지난번에 무엇 때문에 졌지?"라는 질문이다. 2024년 대선을 앞둔 TV 토론회에서 대통령 바이든은 노쇠한 실상을 드러내며 대통령 후보에서 중도에 사퇴하고 말았다.

불리한 상황에서 민주당 대선 후보로 등판한 부통령 카멀라 해리스Kamala Harris는 2016년 대선에서 힐러리 클린턴이 도널드 트럼프에게 패했을 때를 교훈으로 삼았다. 그 결과, 그는 흑인과 인도계를 부모로 둔 혼혈 여성이지만, 소수인종이나 여성이라는 정체성을 내세우지 않는 선거 전략을 짰다.

해리스는 힐러리 클린턴이 '난 그녀와 함께다I'm With Her'라는 대선 구호를 쓴 것이 역효과를 불러일으켰다고 보았다. 여성을 강조할 때는 얻을 수 있는 효과도 있지만, 그 반대편에 있는 집단으로부터 반발심을 불러일으킬 수 있음을 간파한 것이다.

그 대신 해리스는 트럼프와의 '진흙탕 싸움'을 핵심 전략으로 채택했다. 2016년 대선에서 민주당은 트럼프가 거칠게 나와도 맞서 싸우는 대신 도덕적 우위를 유지하는 게 중요하다고 판단했는데, 이 역시 대선 패배의 원인이라는 평가를 받았기 때문이다. 그래서 해리스는 트럼프의 사법 리스크를 정조준하여 '검사 대 중범죄자'라는 선거 구도로 몰아갔다.

해리스는 심지어 트럼프에 비해 덜 알려졌다는 점도 이용했다. '알려지지 않은 후보와 누구도 좋아하지 않는 후보'를 고르는 대결로 선거판을 짰다. 트럼프의 비호감도를 두드러지게 하는 전략이었다. 아직 대선까지는 며칠이 남았으나, 실패로부터 배운 것을 접목하는 해리스의 전략이 괄목할 만한 효과를 거두고 있는 것은 사실이다.

실패 전문가 젠슨 황의 실패 활용법

젠슨 황도 실패를 바탕으로 기업 전략을 짜는 것으로 유명하다. 1995년 엔비디아의 첫 제품 NV1이 뛰어난 성능에도 불구하고 높은 가격 등의 이유로 철저하게 시장의 외면을 받은 사건은 그에게 충격을 주었다.

엔비디아의 GPU는 항상 업계 최고 성능이기 때문에 개당 단가를 3만 달러보다 낮게 책정할 수 없었다. 하지만 시장의 고객들에게 저렴하다는 인식을 심어줘야만 했다. 젠슨 황이 찾은 해답은 '가장 낮은 총 소유 비용'이었다. 낱개로 보면 싸다고 할 수 없지만 성능 및 결과, 칩 운영 비용, 넓은 적용 범위 등을 모두 감안하면 고객에게 훨씬 이익이라는 논리다. 그 전략은 적중해서 큰 반발 없이 받아들여졌다.

메타 CFO 수전 리Susan Li는 AI 투자 비용이 과하지 않냐는 지적을 받으면서도 "우리는 2025년 AI 인프라에 대한 투자를 상당히 늘릴 것으로 기대한다"[56]라고 밝혔다. 그 비용의 상당 부분은 엔비디아 GPU 구입비를 의미하며, 엔비디아 칩의 '가성비'를 인정하는 것이다.

젠슨 황은 '실패의 마스터'라고 불릴 만하다. 많은 이가 실패의 중요성을 강조했지만, 역사상 실패를 이처럼 사랑한 사람이 있을까 싶다. 젠슨 황의 핵심 가치인 '지적 정직성' 역시 '실패의 미학'의 다른 표현이라 할 수 있다.

젠슨 황은 2011년 6월 23일 모교인 스탠퍼드대학에서 '도전과 기업 만들기의 보상'이란 주제로 강연했는데, 실패, 즉 망하는 방법에 관한 이야기였다. 그는 "성공하길 원한다면 실패를 끌어안는 포용력을 기르라고 주문하고 싶다"[57] 라고 말했다.

젠슨 황은 실패를 사랑하는 듯 보이기까지 한다. 그러나 실패에 관해 그가 한 가지 당부하는 것이 있다.

"너무 자주 실패한다면 진짜 실패가 될 수 있다. 그리고 그것은 성공적인 것과는 다르다. 그러므로 중요한 것은 실패하되 빨리 실패하는 것과 막다른 길이란 것을 알자마자 얼마나 빨리 진행 방향을 바꿀 수 있는가이다."
"If you fail often enough, you actually might become a failure — and that's different than being successful. So the question is, how do you teach someone how to fail, but fail quickly? And to change courses as soon as you know it's a dead end?"[58]

엔비디아를 이끌며 숱한 프로젝트와 사업에서 실패를 경험한 젠슨 황은 망하기에 관한 한 일타 강사급의 통찰을 지녔다. 그렇다면 어떻게 망하는 것이 가장 좋다는 것일까? 끝날 때까지 찡그리지 않고 우아함을 유지하는 게 좋을까, 아니면 입에 거품을 물고 싸워봐야 할까? 실패에 이골이 난 젠슨 황의 생각은 아주 명확하다.

"대가를 덜 치르고 빨리 망하라."[59]

이 말은 실패한 이유를 정확히 찾아내는 일의 중요성을 강조한다. 실패의 핵심만 정확히 진단할 수 있다면 더 이상 시간 끌 이유가 없다는 뜻이다. 버티기만 하다가 재기할 일말의 힘까지 소진하고 쓰러지기 전에, 솟아날 구멍이 무엇인지 돌아봐야 한다.

너무 자주 실패한다면 진짜 실패가 될 수 있다.
그것은 성공적인 것과는 다르다.
중요한 것은 실패하되 빨리 실패하는 것과
막다른 길이란 것을 알자마자
얼마나 빨리 진행 방향을 바꿀 수 있는가이다.

기존 질서에
의문이 생긴다면 반항하라

가죽 재킷 안에 냉각기가 있다?

엔비디아 CEO 젠슨 황에게는 '검은 가죽 재킷을 사랑하는'이라는 수식어가 가장 많이 붙는다. 비가 오나 눈이 오나 바람이 부나, 심지어 땀이 송송 맺히는 한여름에도 가죽 재킷을 입고 다니는데 그렇게 불리지 않으면 도리어 이상한 일 아닐까?

그는 종종 '스타일 스타'로 조명되기도 한다. 온라인 쇼핑몰에서는 그가 입은 똑같은 가죽 재킷이 절찬리에 판매되고 있다. 검은 가죽 재킷은 '젠새너티'를 구성하고 상징하는 트레이드마크다.

젠슨 황의 일거수일투족이 워낙 세간의 관심을 끌다 보니, 검은 가죽 재킷이 초미의 관심거리로 떠올랐다. 도대체 젠슨 황은 왜 이런 스타일을 줄기차게 고수할까? 그는 원래 이런 취향, 감각의 소유자인가? 이러한 궁금증은 언론의 가십거리가 되기에 아주 좋은 소재다.

컴퓨텍스 2024에서 대만 기자가 폭염 속에서도 항상 검은 가죽 재킷만 고수하는 이유를 집요하게 물었다. 이에 대해 젠슨 황은 별로 이야기하고 싶어 하지 않는 기색이었다. 이 기자는 "가죽 재킷 안에 엔비디아 냉각기가 달려 있기 때문에, 당신이 대만의 무더위를 버티는 거라는 우스갯소리가 항간에 떠돌고 있다"라는 말로 젠슨 황을 자극했다. 그러자 젠슨 황은 "그렇지 않다. 내가 언제나 쿨하기 때문이다"라고 답했다. 이 '쿨'하다는 표현의 정확한 의미를 놓고 또다시 설왕설래가 일어났다.

젠슨 황이 언제, 어디서든 검은 가죽 재킷을 입고 나타나기 시작한 시점은 2013년 무렵이라고 한다. 이는 일관된 자신만의 시그니처 패션 스타일로 명확한 정체성을 확립하려는 의식적 행위다.[60]

다만, 다 똑같은 검정 가죽 재킷은 아니라는 점을 짚고 넘어가자. 《비즈니스 인사이더Business Insider》는 젠슨 황이 2017년 이후 블랙을 공통 컬러로 삼아 최소 총 여섯 가지 스타일의 가죽 재킷을 선보였다고 분석했다. 오버 사이즈, 포켓이 달린 모던한 스타일, 모터사이클 스타일 등으로 구분된다는 것이다.[61] 하여튼 이 패션 스타일이 누구의 아이디어인가 하는 궁금증에 대해선 젠슨 황이 먼저 해명했다.

2023년 10월 18일, 〈더 모먼트〉의 호스트인 라이언 패텔이 젠슨 황에게 "당신은 악명 높은 재킷을 입었군요"라면서 "데니스에서 당신은 미래의 스타일 스타가 되리라고 생각하지는 않았을 텐데, 어떻게 생각하나요?"라고 물었다. 젠슨 황은 이번 기회에 드레스 코드에 대해 확실히 해야겠다고 결심했는지, "스타일 스타라고 하지 마세요. 아내와 딸이 입혀준 대로 입을 뿐이에요"[62]라고 밝혔다.

젠슨 황의 말대로, 그의 아내와 딸의 아이디어라면 검은 가죽 재킷을 놓고 젠슨 황의 가족이 대중에 전하고자 하는 메시지와 계획을 살펴볼 필요가 있다. 일상생활의 에너지와 시간을 아끼기 위해 옷장에 똑같은 회색 티셔츠 20장을 넣어놓고 매일 똑같은 옷을 입는 메타 CEO 마크 저커버그와는 분명 다를 것이다.

실리콘밸리의 이단아들

《뉴욕 타임스The New York Times》는 엔비디아 CEO의 가죽 재킷을 두고 "독립심, 개방성, 반항, 섹스 어필과 연결 지을 수 있다"라고 분석했다. 그중 '독립심' '개방성' '반항'과 같은 키워드는 젠슨 황의 아이덴티티나 엔비디아라는 기업의 이력과 태생적으로 불가분의 관계다.

젠슨 황이 미국 사회에 어떤 공을 세우든, 그가 가난한 아시아계 이민자 출신이라는 딱지는 떼어낼 수 없다. 사회적으로 비주류 출신인 그는 엔지니어로서 실리콘밸리에서 경력을 쌓을 때도 이단아일 수밖에 없었다. 아시아계에 대한 인종적 편견이 기술을 중시하는 실리콘밸리라 해서 예외일 리 없었다.

젠슨 황이 대학을 다닌 1980년대와 엔비디아를 창업한 1993년을 거쳐 2010년대까지도 실리콘밸리는 '백인 남성의 골짜기'나 '보이즈 클럽' 등의 별칭으로 불렸다. 하버드대학 출신 창업자로는 마이크로소프트의 빌 게이츠, 메타의 마크 저커버그가 있다. 스탠퍼드대학 출신 창업자로는 구글의 세르게이 브린, 페이팔의 피터 틸Peter Thiel, 선 마이크로시스템의 스쿳 맥네이리Scoot McNairy 등이 있다. 테슬라의 일론 머스크는 펜실베이니아대학 출신이다.

이러한 백인 남성 중심의 집단성은 결국 미국 사회의 거대한 부의 불평등을 초래할 수밖에 없다. 2015년 미국의 한 시민단체는 실리콘밸리 관련 보고서에서 아시아인들로 꽉 찬 구내식당 말고 임원 사무실이 있는 층에 가보면 문제가 뭔지 알 수 있을 것이라고 지적했다. 당시 구글, 인텔 등 기술 기업에서 기술직으로 일하는 아시아계의 비중은 27퍼센트, 임원급은 14퍼센트에 불과했다. 고학력이어도 아시아계가 승진하지 못하는 실리콘밸리의 민낯을 여실히 보여준다.

젠슨 황은 실력 하나로 차별의 벽을 깨고 최고 자리에 올라선 실리콘밸리의 이단아다. 그렇기에 그와 그의 가족은 검은 가죽 재킷을 통해 누군가를 떠올리도록 의도한 것이라 볼 수 있다. 그것은 바로 '실리콘밸리의 원조 이단아' 스티브 잡스다. 1976년, 불과 21세의 나이로 스티브 워즈니악Steve Wozniak과 함께 최초의 퍼스널 컴퓨터를 개발하고 '한입 베어먹은 사과' 애플컴퓨터를 창업한 애플 신화의 주인공 말이다. 실제로 젠슨 황이 자신만의 패션을 확립한 이후 'AI계의 스티브 잡스'라는 평가가 부쩍 늘었다.

2024년 3월 19일 열린 엔비디아 개발자 콘퍼런스인 GTC 2024의 무대는 그러한 콘셉트를 위한 완벽한 연출이었다. 젠슨 황은 여러 면에서 스티브 잡스 같은 느낌을 줬다. 그는 무대 위에서 혼자 두 시간짜리 기조연설을 진행하면서, 차세대 칩, 슈퍼컴퓨터, 소프트웨어, 로봇 및 AI 기술에 관한 통찰을 자신감 있게 드러냈다.

또한 젠슨 황이 델테크놀로지의 마이클 델을 비롯해 엔비디아와 협력하는 시놉시스, 앤시스, 아마존, 마이크로소프트, 구글, 오라클 등을 언급했지만, 그중 누구도 무대에 함께 세우지 않은 것도 잡스를 연상시켰다.

확실히 젠슨 황의 검은 가죽 재킷은 스티브 잡스에게 빌려 온 것이 분명하다. 이는 스티브 잡스가 죽기 직전까지 고수한 검은 터틀넥 스웨터보다 더 직접적인 유산이다. 스티브 잡스가 경쟁사 IBM 로고를 가리키며 '손가락 욕'을 한 1983년의 흑백 사진 속에서 그가 입고 있던 외투가 바로 검은 가죽 재킷이었다.

이 옷은 산업 전체를 장악하고 있던 거대 컴퓨터 기업 IBM을 골리앗, 애플을 다윗으로 이미지화했던 스티브 잡스가 그 싸움을 위해 직접 고른 의상이었다. 즉, 검은 가죽 재킷은 기성 질서에 맞서는 이단아의 옷이었다. 다윗의 물맷돌이 바로 애플의 퍼스널 컴퓨터였던 셈이다. 건물 크기만큼 거대한 트랜지스터 컴퓨터, 일명 '빌딩 탑 컴퓨터'를 정부와 기업에 독점적으로 팔며 컴퓨터 제국을 꿈꾼 IBM과 치열하게 맞섰던 스티브 잡스가 걸어간 길이야말로 실리콘밸리의 이단아 젠슨 황이 추구하는 길이란 뜻이다.

잡스는 언제나 내 마음속에

젠슨 황은 언제나 스티브 잡스를 마음속에 두고 있다. 2023년 11월 미국 플로리다대학에서 열린 크리스 말라초스키 데이터 사이언스 앤 정보 기술홀 개관식에 참석해 이 건물을 "지식 발견을 위한 우주선"[63]이라고 칭했다.

AI 연구의 핵심이 될 이 건물은 엔비디아 공동 창업자인 크리스 말라초스키의 모교인 플로리다대학이 그의 이름을 따 지은 것이다. 젠슨 황은 그 이전부터 옛 친구인 말라초스키를 위해 플로리다대학과 AI 관련 프로젝트들을 진행시켜 왔다. 젠슨 황은 이 건물을 "지식 발견을 위한 우주선"으로 묘사한 이유를 이렇게 설명했다.

> "스티브 잡스는 PC를 '정신의 자전거'라고 불렀다. PC가 우리의 사고를 더 멀리, 더 빠르게 나가도록 하는 장치라는 의미였다. 크리스 말라초스키가 플로리다대학에 선물한 것은 '정신의 우주선'이나 마찬가지다. 그것은 우리의 지성을 미지의 영역으로 데려갈 것을 약속하는 장치다."
>
> "Steve Jobs called (the PC) 'the bicycle of the mind,' a device that propels our thoughts further and faster. What Chris Malachowsky has gifted this institution is nothing short of the 'starship of the mind'—a vehicle that promises to take our intellect to uncharted territories."[64]

그의 연설은 명확히 잡스의 정신을 계승하면서도 그것을 넘어서 겠다는 의지의 표현으로 보인다. 잡스가 PC를 통해 구현하고자 했던 바를, 자신은 AI를 통해 미지의 영역까지 밀어붙이겠다고 약속한 셈이다.

물론 이날도 젠슨 황의 의상은 검은 가죽 재킷이었다. 자신의 커리어를 마칠 때까지 잡스와 같은 기술계의 혁명가로 치열하게 나아가겠다는 강력한 의지를 담은 고유의 커스텀이다. "매일 인생을 마지막 날처럼 살아야 한다"라는 잡스의 말을 가슴에 새긴 채.

젠슨 황 같은 '이단아 잡스'의 후예들이 실리콘밸리의 지형도를 바꾸고 있다. 구글과 마이크로소프트의 CEO는 인도계이고, 애플과 오픈AI의 CEO는 성소수자이며, AMD의 CEO는 아시아계 여성이다. 쉽지 않은 길을 걷고 있는 젠슨 황의 검은 가죽 재킷은 어떤 고통이든 감내하면서도 기술 혁신을 멈추지 않을 엔비디아의 여정을 암시하고 있다.

누구의 친구도, 적도 아니다

미국 민주당과 공화당의 주식 포트폴리오

경제와 산업은 정치로부터 독립적일 수 없다. 11월을 디데이로 하는 미국 대선이 있는 해의 7월부터 10월까지 S&P500 지수가 강하면 여당에 유리하고, 반대로 지수가 약하면 야당에 유리하다는 것은 공공연한 비밀이다. 경제가 대통령을 만들기도 하고, 대통령이나 고위 공직자의 말 한마디로 S&P500 주가가 박살 날 수도 있다.

미국 정치를 이끄는 민주당과 공화당의 상·하원 의원들도 개인으로 보면 큰손 투자자들이다. 예를 들어 민주당에 엄청난 입김을 불어 넣는 낸시 펠로시^{Nancy Pelosi} 전 하원의장은 주식 투자의 귀재로 통하며, 그의 투자 목록은 공개되어 워런 버핏의 포트폴리오에 준하는 관심을 받는다. 그도 그럴 것이, 낸시 펠로시의 남편은 유명 헤지펀드 매니저 폴 펠로시^{Paul Pelosi}다. 아내의 정보력과 남편의 전문성이 합쳐지면 고수익률은 떼어놓은 당상 아니겠는가. 일반 투자자들이 이들의 투자 방향을 추종하는 일은 자연스러운 현상이다.

시장은 이러한 틈새를 파고들어 약삭빠르게 상품을 만들어낸다. 자산운용사 서브버시브캐피털^{Subversive Capital}은 2023년 데이터를 이용해 민주당 의원들이 보유한 주식을 추종하는 '서브버시브 언유절 웨일즈 민주당 ETF^{Subversive Unusual Whales Democratic ETF}'를 출시했다. 여기에는 민주당 의원들과 그 가족들이 보유하고 있는 약 759개의 종목이 포함돼 있다. 이 회사는 공화당 의원들이 보유한 주식을 추종하는 '서브버시브 언유절 웨일즈 공화당 ETF'도 내놓아 균형을 맞추었다. 여기에 포함된 종목 수는 약 490개로 민주당 ETF보단 적었다.

서브버시브 자체 시스템으로 산정한 민주당 ETF와 공화당 ETF의 각 투자 종목 10위는 확연히 달라 이들의 정치적 성향이 주식을 선택하는 데도 영향을 주고 있음을 알 수 있다. 2024년 7월 기준 민주당 의원들이 보유한 10대 종목은 다음과 같다.

1. 엔비디아^{NVIDIA: NASDAQ-NVDA}: 13.1%

2. 마이크로소프트^{Microsoft: NASDAQ-MSFT}: 9.4%

3. 세일즈포스^{Salesforce: NYSE-CRM}: 4.8%

4. 애플^{Apple: NASDAQ-AAPL}: 4.7%

5. 아마존^{Amazon: NASDAQ-AMZN}: 4.6%

6. 알파벳^{Alphabet: NASDAQ-GOOG}: 4.5%

7. 핌코 인핸스드 단기 액티브 ETF PIMCO Enhanced Short Maturity Active ETF:
NYSEARCA-MINT: 3.4%

8. 1차 미 국채 환매펀드 First American Government Obligations Fund: NASDAQ-
FGXXX: 2.7%

9. 크라우드 스트라이크 홀딩스 Crowdstrike Holdings: NASDAQ-CRWD: 2.3%

10. 넷플릭스 Netflix: NASDAQ-NFLX: 2.2%

소위 M7이라고 부르는 빅테크 주식 위주임을 알 수 있다. 그렇다
면 공화당 의원들이 보유한 10대 종목은 어떤 것들이었을까?

1. JP 모건 체이스 JPMorgan Chase: NYSE-JPM: 3.9%

2. 엔비디아 NVIDIA: NASDAQ-NVDA: 2.7%

3. 컴포트 시스템즈 USA Comfort Systems USA: NYSE-FIX: 2.6%

4. 아리스타 네트웍스 Arista Network: NYSE-ANET: 1.9%

5. 유나이티드 테라퓨틱스 United Therapeutics: NASDAQ-UTHR: 1.8%

6. 인텔 Intel: NASDAQ-INTC: 1.7%

7. 엘레반스 헬스 Elevance Health: NYSE-ELV: 1.5%

8. 내셔널 퓨얼 가스 National Fuel Gas: NYSE-NFG: 1.5%

9. 텍사스 인스트루먼트 Texas Instruments: NASDAQ-TXN: 1.4%

10. 셸 Shell: NYSE-SHEL: 1.3%

호주머니가 걸린 투자인데도, 양쪽 진영의 주식 투자 선호도가 극명하게 다르다. 민주당은 테슬라, 메타를 제외한 M7 종목이 모두 들어가 있다. 한마디로 성장주 위주의 포트폴리오다. 반면 공화당 ETF는 금융, 에너지, 헬스케어, 건설엔지니어링 분야의 투자에 집중하고 있다. 반도체 분야에서도 인텔, 텍사스인스트루먼트처럼 옛 영광을 누렸던 전통적 기업을 담았다. 공화당 ETF는 소위 '가치주'라고 하는 주식 위주로 포트폴리오를 짠 셈이다. 대체로 트럼프가 재집권할 경우의 수혜주로 꼽힌 종목이다.

양쪽 진영의 포트폴리오를 비교한 이유를 알겠는가? 눈치 빠른 독자는 알아차렸겠지만, 두 상품에 유일하게 공통으로 들어 있는 주식은 엔비디아다. 민주당 ETF에서는 1위, 공화당 ETF에서는 2위다. 민주당 ETF는 성장성이 큰 투자를 지향하고 있고, 공화당 ETF는 대체로 배당수익률이 좋고 자산을 지키는 데 유리한 종목 일색이다. 또한 수익률을 떠나서 민주당, 공화당 내부에서 반대의 정치 색채가 있거나 비호감인 종목은 상위권에 들어가기 어렵다.

엔비디아가 양 진영의 유일한 교집합이 된 현상은 AI를 선도하는 엔비디아의 미래 전망이 밝을 뿐 아니라, CEO인 젠슨 황이 정치적 색채를 차단해 온 덕분이다. 한 기업이 특정 정치적 성향을 내비치는 것은 유리한 점도 있겠지만, 경영상 리스크로 작용할 수 있다. 젠슨 황은 이를 정확히 알고 기업을 경영해 온 것이다.

대만 땅에서 '폭탄 발언'한 진의

그러한 맥락에서 대만을 방문한 젠슨 황이 2024년 5월 20일 현지 매체인 《타이베이 타임스Taipei Times》를 통해 "컴퓨터 산업은 대만 덕분에 형성될 수 있었다. 그래서 대만은 매우, 매우 중요한 국가다"[65]라고 발언했을 때, 모두들 깜짝 놀랄 수밖에 없었다.

젠슨 황의 발언에서 문제가 되는 부분은 대만에 '국가coutry'라는 단어를 붙였다는 점이다. 대만을 독립국가로 인정하지 않을 뿐 아니라, 대만에 우호적인 제스처를 취하는 국가나 기업 및 개인에 가혹할 정도의 보복과 제재를 하는 중국을 코앞에 두고 이런 말을 하다니. 아무리 엔비디아가 잘나간다고 해도 괜찮은 것일까.

그 속뜻이 무엇이든, 중국에 물건을 파는 기업이라면 감히 하지 못할 발언이었다. 중국 정부가 2023년과 2024년 자국 시장에서 AMD, 인텔 반도체 거래를 제한하겠다고 협박성 발언을 했을 때, 두 기업의 주가는 심하게 흔들렸다. 심지어 테슬라나 애플 같은 기업도 중국 시장의 실적에 민감하게 반응했다.

미국 정부로부터 첨단 반도체 수출 규제를 받아온 엔비디아가 이미 중국 의존도를 상당히 낮춰놓은 것은 사실이지만, 젠슨 황이 일부러 기업의 이윤을 훼손해 가면서까지 중국 정부를 자극했을 리는 없다. 그의 발언은 감당할 수 있다는 계산하에 한 행동으로 보인다.

젠슨 황의 발언은 예상대로 중국 측의 거센 반발을 불러일으켰다. 격노한 중국의 한 온라인 매체는 중국 본토의 동포들과 기업 파트너들에게 해명하라고 촉구했다. 중국 포털사이트 시나닷컴의 블로그

서비스 '웨이보닷컴'에서도 젠슨 황의 발언은 논란의 대상이 됐다.

그런데 정작 중국 정부는 젠슨 황의 발언을 크게 문제 삼지 않았다. 중국이 첨단 반도체 경쟁에서 미국을 따라잡기 위해서는 엔비디아의 GPU가 절대적으로 필요하기 때문이다. 실리를 위해 강경한 정치적 원칙에 유연하게 예외를 적용한 처사였다. 결과적으로 더 아쉬웠던 쪽은 중국이었던 것이다.

그러나 젠슨 황도 이 발언이 더 큰 문제로 비화하지 않도록 '해명'을 내놓아야 했다. 그는 중국 언론들의 요구에 이렇게 답했다.

> "나는 지정학적 발언을 하지 않았다. 모든 기술 파트너들의 지지와 산업에 기여한 데 감사를 표시했을 뿐이다."
>
> "I wasn't making a geopolitical comment, but thanking all of our technology partners here for all their support and contributions to the industry."[66]

젠슨 황의 엔비디아가 오늘날 세계 최고의 AI 기업이 되기까지 대만 TSMC의 역할과 지원이 지대했다는 사실은 전 세계가 아는 바다. 젠슨 황은 대만의 기업 파트너들에게 고마움을 표시한 것일 뿐, 정치적 의도가 없었다고 선을 그었다.

젠슨 황의 의도대로 중국 측의 반응은 곧 수그러들었다. 도리어 이 사건은 젠슨 황의 인기만 확인해 준 꼴이 됐다. 중국은 엔비디아의 첨단 반도체가 꼭 필요하다는 속마음을 감추지 않았고, 대만인들은 공개적으로 대만을 인정해 준 당당한 젠슨 황에게 열광하며 그의 일거수일투족을 좇았다. 젠슨 황이 대만 야시장에서 들렀던 식당 동선은 '젠슨 황 푸드 맵'이란 이름이 붙은 채 대만 젊은이들 사이에서 '먹방 성지 순례 코스'로 떠올랐을 정도다.

젠슨 황은 소신을 지키면서도 실리를 챙기는 줄타기를 이어가고 있다. 엔비디아는 2023년 10월 무역법 개정에 따른 중국 수출 규제를 피하고자 주력 제품인 H100보다 연산 능력을 5분의 1 수준으로 낮춘 저사양 버전인 H20을 중국에 수출하고 있다.

자칫하면 미국과 중국 양쪽에서 비난받거나 시장을 잃을 수도 있었던 발언에도 불구하고 엔비디아의 이익을 지켜나가는 것은 젠슨 황이 한 번도 정치색을 노골적으로 드러낸 적이 없기 때문일 것이다. "누구의 친구도, 적도 아니다"라는 기업인 본연의 자세를 견지해 온 그의 현명함과 유연함이 모든 문제를 풀어가는 바탕이다.

스타트업 정신을 잃지 않는다

20분의 1 토막 난 벤처 투자금

스타트업에 계속 도전하는 창업자를 가리켜 농담처럼 '연쇄 창업마'라고 부른다. 좋은 의미로든 나쁜 의미로든, 스타트업을 지속적으로 끌고 나가는 일이 결코 쉽지 않음을 알 수 있는 말이다.

미국의 대표적 반도체 기업 인텔을 포함해 우리가 아는 글로벌 기업은 대부분 스타트업에서 출발했다. 젠슨 황의 엔비디아도 마찬가지다. 젠슨 황은 젊은이들에게 도전하라고 격려하면서도 스타트업으로 회사를 키우는 일이 생각보다 훨씬 힘든 일임을 숨기지 않는다. 각오가 필요한 일이라는 뜻이다.

젠슨 황이 1993년 두 친구와 함께 스타트업 엔비디아를 창업했을 때 그들에게는 비디오 게임과 컴퓨터 그래픽을 혁신할 GPU를 만들어내겠다는 아이디어와 4만 달러 정도의 창업 자금뿐이었다. 젠슨 황은 "솔직히 난 무엇을 해야 할지 몰랐고, 두 친구들도 그랬다. 우리 중 누구도 어떻게 해야 할지 알지 못했다"[67]라고 털어놓았다.

엔비디아의 공동 창업 과정에서 드러난 문제점은 새삼스러운 것이 아니다. 처음부터 다 갖추고 시작하면 스타트업이 아니다. 다만, 스타트업도 일정 기간 버티며 생존할 초기 자본금은 필요하다. 그래서 존재하는 것이 벤처 캐피털인데, 이들은 스타트업의 생존 가능성을 계산하여 투자한다.

그러나 애석하게도 그들의 투자는 성공보다 실패 사례가 더 많다. 벤처 캐피털의 투자를 받고 실리콘밸리에서 태어난 유망 스타트업이 몰락한 대표적 사례로는 2013년 세계 제패를 공언한 전자상거래 신생업체 팹닷컴Fab.com이 투자자들의 자금 3억 3,600만 달러를 물거품으로 만들며 불과 1,500만 달러에 매각된 일이 있다. 통계상 실리콘밸리의 벤처 캐피털이 투자한 스타트업 중 계획 기간 내 원금을 회수하거나 수익을 내는 경우는 3분의 1에 미치지 못한다. 한두 곳이 열 배 이상의 대박을 내어 나머지 투자의 손실을 메꾸는 방식이다.

그런데도 벤처 캐피털도 '하이 리스크, 하이 리턴' 투자를 쉽게 포기하지 못한다. 벤치마크캐피털Benchmark Capital의 빌 걸리Bill Gurley 총괄 파트너는 "효과 없는 기업에 투자하면 1배의 손실을 입지만, 구글을 놓치면 1만 배의 돈을 잃는다"[68]라며 그 이유를 설명했다.

물론 그들은 스타트업의 리스크 관리에도 촉각을 곤두세운다. 스타트업의 목표와 이정표를 점검하고 아이디어가 실패할 경우 언제

중단할지 결정할 수 있도록 감독하는 일도 그들의 몫이다.

엔비디아처럼 운 좋게 스타트업을 벗어나 나스닥 상장까지 한다 해도, 그게 끝이 아니다. 엔비디아는 1999년 나스닥 상장 이후 얼마 안 되어 닷컴 폭락 사태를 겪으며 주가 하락과 재정 위기를 경험했다.

젠슨 황은 "하나의 기업을 민드는 일은, 그리고 엔비디아를 쌓아 올리는 일은 우리 중 어느 누가 예상한 것보다 100만 배는 더 어려웠다"[69]라고 했다. 그 과정에서 감내해야 할 도전, 사업이 잘못되는 것을 알았을 때의 당혹감이나 수치심, 그로부터 비롯되는 고통은 직접 겪어보지 않으면 절대 알 수 없는 수준이라는 것이다. 그는 엔비디아를 창업할 때 이 정도의 고통과 인내를 수반해야 하는 것임을 알았다면 "나는 어느 누구도 회사를 시작하지 않을 것이라고 생각한다"며 장담했다. 이렇게까지 말해 놓고도 성이 차지 않았는지, '더 매운 맛' 버전으로 재확인했다.

"제정신이라면 누구도 스타트업을 하지 않을 것이다."
"Nobody in their right mind would do it."[70]

사업 자금 부족, 몸집 큰 기업들의 견제, 업계 내에서의 극한 경쟁 등은 스타트업이 벗어날 수 없는 운명이다. 지금까지 젠슨 황의 '푸념'을 들었지만, 우리는 그 말을 액면 그대로 듣고 흘려보내서는 안 된다. 실리콘밸리의 수많은 스타트업들에게는 AI칩 시장을 독점하다시피 한 엔비디아의 존재 자체가 '횡포'일 수 있기 때문이다. 이제 엔비디아를 스타트업으로 보는 시선은 지구상에 남아 있지 않다. 역으로 엔비디아는 스타트업 시절에 자신이 타도하고자 했던 업계의 기존 질서가 된 것이다.

끊임없이 죽음의 문턱에 서 있다

AI 반도체 시장은 사실상 엔비디아의 독점 체제이며, AI 반도체 스타트업들은 대부분 극심한 자금난을 겪고 있다. 7억 달러의 투자를 유치하며 엔비디아의 대항마로 손꼽히기도 했던 그래프코어 Graphcore를 예로 들어볼 수 있다. AI 훈련 및 추론에 좀더 최적화된 설계로 엔비디아 GPU에 대항해 볼 수 있는 지능처리장치IPU를 개발하는 기술 기업이다.

그래프코어가 이러한 기술적 경쟁력을 갖고도 자금난에 시달렸던 이유가 있다. 신생 스타트업이 제대로 된 첨단 반도체를 개발하려면 어마어마한 양의 초기 자본이 필요하다. 하지만 그래프코어가 유치한 7억 달러 남짓한 금액은 마중물 정도에 불과했다. 이 회사가 매년 2억 달러 넘는 금액을 연구 개발에 지출한들, 엔비디아가 투입하는 연구 개발비에 비하면 계란으로 바위 치는 격이란 뜻이다.

그래프코어가 자금이 말라 휘청거리던 그때, 이 스타트업의 기술력, 가능성, 자금 사정을 주시하고 있던 손정의의 소프트뱅크가 회사를 저렴한 가격에 인수했다. 가련한 스타트업을 거대 투자 자본이 꿀꺽한 것으로 봐야 할까?

각도를 살짝 바꾸어보면, 양측이 원원한 것일 수도 있다. 그래프코어는 소프트뱅크 산하에 들어간 덕분에 돈 걱정은 던 채 기술력 향상만 집중할 수 있었고, 주력 분야에서 확장해 AI·서버 칩·오토모티브 칩 등을 망라하는 고성장 기업으로 재정비할 수 있었으니 말이다. 영국 반도체 스타트업 Arm을 인수해 성공적 투자 사례를 만든 손정의의 손에 들어갔다는 사실 자체로, 그래프코어의 가치도 올라간 것은 덤이다.

이것이 실리콘밸리 스타트업의 현실일진대, 젠슨 황이 아직도 엔비디아의 공동 창업자이며 현역 CEO로 건재하다는 사실은 그가 얼마나 대단한가를 입증한다. 스타트업 시절 파산에 몰리고 주가가 폭락할 때마다 마주한 고통과 당혹감을 반복해 겪고 싶지 않다는 강렬한 동기가 그를 아직도 스타트업의 CEO처럼 움직이게 만들고 있는 것이다.

이제 엔비디아는 투자를 하는 기업이 됐다. 2023년 엔비디아로부터 5,000만 달러의 투자를 받아 화제를 모은 AI 약물 발굴 기업 리커션 파마슈티컬스Recursion Pharmaceuticals의 CEO 크리스 깁슨Chris Gibson은 젠슨 황과의 첫 미팅 자리에서 들은 이야기를 전한다. "젠슨 황이 첫 미팅에서 모든 스타트업이 끊임없이 죽음의 문턱에 서 있다는 조언을 해주었다. 그 말은 스타트업이 항상 죽음과 싸우며, 항상 생존과 연관된 지점을 찾기 위해 싸운다는 의미였다."[71]

엔비디아가 승승장구할 수 있는 원동력은 거대 기업이 된 지금도 스타트업 정신을 잊지 않고 있기 때문이다. 자율적이면서도 목표를 향해 일사분란하게 움직이는 이상적 조직 엔비디아, 잠시도 긴장의 끈을 늦추지 않는 마에스트로 젠슨 황. 시총이 얼마가 되든, 엔비디아 CEO는 안락의자에 앉아 흔들거리며 배를 두들기고 있을 사람이 아니다.

4장

휴머니티 리더십

"나의 희망과 꿈을
밑는 이들과 함께한다"

재능보다 인성이 먼저다

도망친 곳에 낙원은 없다

"재능보다 인성이 먼저다." 기업에서 사람을 뽑을 때 흔히 하는 말이다. 뮤지컬 〈해밀턴Hamilton〉과 〈인 더 하이츠In the Heights〉의 연출가인 토머스 카일Thomas Kail은 스태프를 선발할 때 철저히 재능보다 인성을 우선시한다.

그 반대의 위치에 서 있는 배우도 같은 말을 한다. 영화배우 하정우는 "남을 생각하고 세상을 바라보는 눈이나 그릇이 커져야 한다. 기본적으로 인성이 좋아야 한다"[1]라면서 연기보다 중요한 것이 배려와 인성이라고 강조했다.

영화 촬영장의 감독과 배우만 그런 생각을 할까? 촬영감독, 조명감독, 스태프와 밥차 운영자까지도 크게 다르지 않을 것이다. 여럿이 공동의 목표로 모인 조직이라면 인성을 먼저 따질 수밖에 없다.

능력이나 재능이 뛰어나지만 지나치게 자기중심적인 사람을 동료로 두어야 한다고 상상해 보자. 그가 같은 조직 내에서 협력하는 타부서 동료까지 적으로 여긴다면 조직 분위기는 험악해질 것이고 일이 제대로 돌아갈 리 없다.

유명 스포츠 스타 중 학창 시절의 비행이 불거지거나 들통나면서 하루아침에 몰락하는 사태를 종종 목격한다. 심지어 학창 시절의 문제가 아니라, 스타 반열에 오른 이후 마약에 손을 대고 모든 것을 잃는 어리석음을 종종 본다. 지혜로움은 고도의 지식이나 특출한 재능으로 얻을 수 있는 게 아님을 다시 깨닫는다.

투자를 받은 원동력

'지적 정직성'을 조직 운영의 철칙으로 삼는 젠슨 황이 강조하는 것도 바로 인성이다. 그 자신이 인성을 인정받아 첫 투자를 받은 경험이 있기 때문이다. 앞서 보았듯, 그의 전 직장 상사인 LSI로직 CEO 윌프레드 코리건은 젠슨 황을 돈 밸런타인에게 최고의 직원이었다고 추천했다.

피칭이나 사업 아이템이 별로일지라도 날 믿고 이 사람에게 투자해 달라는 말은 쉽게 할 수 있는 말이 아니다. 심지어 LSI로직도 세콰이어캐피털의 투자를 받는 형편이었다. 이는 모두 젠슨 황이 전 회사와 보스에게 대단한 믿음과 신뢰를 주었고, LSI로직을 떠날 때 호의적이었으며, 전 보스와 관계를 잘 유지했기에 가능한 일이었다.

윌프레드 코리건은 젠슨 황이 자신의 회사를 떠난 것을 아쉬워했다. 하지만 젠슨 황의 행보가 이직이 아니라 창업이었기에, 그 후원자가 되기로 결심한 것이다. 미국 증시 전문 매체 《벤징가Benzinga》는 2024년 4월 30일 자 기사에서 젠슨 황의 말을 소개했다.

"엔비디아 초기 투자로부터 배운 점은 피칭, 인터뷰, 혹은 무언가를 잘하는 능력보다 과거가 중요하다는 것이다. 당신은 당신의 과거에서 도망칠 수 없다."
"The thing I learned from that, is your past is more important than your ability to pitch, interview, or anything like that. You can't run away from your past."[2]

즉, 주어진 일을 성실하고 책임감 있게 대하는 그의 태도와 자세를 기업 총수가 위에서 말없이 눈여겨보고 있었으며, 준비 부족에도 불구하고 인성을 젊은 스타트업 창업자의 가장 중요한 자질로 평가했다는 뜻이다.

무서운 통찰력이다. 내가 걸어가는 길은 한 걸음만 더 내디디면 곧바로 '과거'가 된다. 한 사람이 살아온 인생의 이력은 결코 지워질 수 없다. 평소 좋은 마음가짐, 태도, 인성을 지니고 주변 사람들을 대하는 일이 중요하다는 사실을 그는 다시 한번 상기시킨다. 그것이 성공적인 비즈니스에 이르는 길임은 두말할 나위가 없다.

젠슨 황은 인성의 결과물로 만들어지는 개인의 과거를 강조하며 "그렇기에 좋은 과거를 가져라. 좋은 과거를 갖도록 노력하라"라고 주문했다. 현재는 한순간에 만들어지지 않으며 수많은 과거의 축적이다. 1995년, 1996년 출시한 게임 그래픽카드 NV1, NV2가 연속으로 실패했을 때 자포자기하며 그 수렁에 몸을 맡겼다면, 2008년 세계 금융위기 당시 그가 자발적으로 봉급을 1달러로 깎는 헌신과 애사심이 없었다면, 오늘의 엔비디아는 존재할 수 없었을 것이다.

엔비디아 초기 투자로부터 배운 점은
피칭, 인터뷰, 혹은 무언가를 잘하는 능력보다
과거가 중요하다는 것이다.
당신은 당신의 과거에서 도망칠 수 없다.

업무에는 높고 낮음이 없다

맡은 일은 무엇이든 즐겁다

전 세계 다섯 손가락 안에 꼽히는 빅테크에서 CEO가 임직원들을 모아놓고 담화를 발표하는 광경을 그려보자. 직원들 태반이 미국에서도 최고로 손꼽히는 스탠퍼드대학, 예일대학, MIT 등 명문대 출신이다. 총수가 이렇게 선언한다.

"내게는 어떤 업무의 담당자도 나보다 아래에 있지 않다. 내가 접시닦이였기 때문이다."

"To me, no task is beneath me because, I remember, I used to be a dishwasher."[3]

어릴 적부터 '영재' 소리를 듣고 자란 직원들은 총수의 '접시닦이 커밍아웃'으로 충격에 빠질 수 있다. '내가 접시닦이 밑에서 일하는 거란 말이야?'라는 생각에 어지럼증을 느낄지 모른다. 그러든 말든 총수는 한술 더 뜬다. "나는 (남의 밑에서) 화장실을 청소하면서 살았다. 여러분 모두를 합친 것보다 훨씬 더 많이 화장실 청소를 했다."[4]

아무리 총수라도 엘리트 임직원들에게 '흙수저' 출신의 과거를 고백하는 게 쉬운 일은 아니다. 대부분의 경우 현재의 영광에 흠집낼 수 있는 과거를 세탁하기 위해 이것저것 시도하겠지만, 엔비디아 CEO 젠슨 황은 이를 감추기는커녕 떳떳하게 드러낸다. 그의 직업관을 담은 이 말은 일종의 장인정신을 느끼게 하는데, 아마도 젠슨 황은 일본에서 사업을 했어도 크게 성공했을 듯하다.

이 발언은 젠슨 황이 2024년 3월 6일 〈뷰 프롬 더 톱〉 인터뷰에서 밝힌 내용이다. 이 발언이 중요한 이유는 이러한 그의 직업관이 엔비디아를 경영하는 기본 철학이기 때문이다. 'CEO가 이런 사람이니, 임직원도 그런 생각으로 일해 달라'는 메시지다.

"어떤 업무도 하찮지 않다"라는 직업관은 업무에는 높고 낮음이 없으며, 맡은 업무를 해내는 것이 최고의 미덕임을 강조한다. 실제로 젠슨 황은 어떤 일이든 진심으로 즐기는 태도로 임했다. 열여섯 살에 데니스에서 접시를 닦을 때도, 버스보이와 웨이터를 할 때도 그는 정말 즐겁게 일했다고 했다. LSI로직에서 반도체를 설계할 때도, 엔비디아를 공동 창업한 두 친구와 협업할 때도 진심으로 즐거워했다. 그러한 자세로 일했기에 그는 최고가 될 수 있었다.

"어떤 업무도 하찮지 않다"라는 메시지는 '지적 정직성'과 '프로젝트가 보스'라는 철학과 더불어 엔비디아 조직을 구성하고 움직이는 세 가지 핵심 메커니즘이다. 젠슨 황이 추구하는 기업의 이상향은 '수평 조직'이며, 엔비디아는 이를 바탕으로 투명하고 작은 조직처럼 빠른 속도로 움직여야 한다는 그의 바람이 완벽하게 구현된 형태다. 무려 3만 명이 넘는 거대 조직이 이런 모습으로 작동하기 위해서는 조직원 모두가 공유하는 메커니즘, 즉 조직의 핵심 철학이 필요하다. 대한민국 국민에게 태극기와 애국가가 그러한 구심점이 되듯이 말이다.

젠슨 황의 여러 메시지 중에서도, "어떤 업무의 담당자도 나보다 아래에 있지 않다. 내가 접시닦이였기에"라는 발언은 대중에 특별한 임팩트를 던진 듯하다.

테슬라 CEO 일론 머스크는 젠슨 황이 이 발언을 하는 영상을 자신의 X 계정에 올린 후 "절대적으로 올바른 태도Absolutely the right attitude"[5]라며 칭찬했다.

조직 내 누구에게도
비밀이 없도록

CEO의 손끝에 달린 회사의 운명

타이타닉처럼 거대한 배가 빙산을 향해 나가고 있다고 가정해 보자. 손으로 독한 럼주 잔을 감싸 쥔 선장은 쿠바산 시가를 입에 물고 어두컴컴한 밤바다의 고요를 즐기고 있다. 값비싼 티켓을 구매한 승객들은 화려한 음식과 여흥에 정신이 나가 있고, 직원들은 변하지 않는 루틴과 일과에 지겨움을 느낀다. 결국 '쾅' 소리와 큰 진동이 울리고 나서야, 모두들 자신이 어떤 처지에 놓였는지 알게 된다.

이 비유는 오랜 기간 '반도체 제왕'으로 군림해 온 인텔에 잘 들어맞는다. 2022년 11월 오픈AI가 챗GPT를 내놓으며 촉발된 AI 시대의 무한경쟁 속에서 인텔이 이 정도로 추락하리라고 예측한 사람은 없었다. 물론 인텔이 전자기기의 두뇌 역할을 하는 CPU를 개발·생산·판매하는 세계 1위 기업임에는 틀림없지만, AI칩 분야에서는 경쟁력을 확보하지 못한 채 시장의 신뢰를 상당히 잃은 것이 사실이다. 2024년 8월에는 주가가 19달러 아래로 내려가는 수모를 당했다. 인텔의 주가가 30달러일 때 싸다고 매수에 들어간 투자자들은 배신감을 느꼈다. 인텔 CEO 팻 겔싱어는 그해 8월 1일 직원의 15퍼센트를 정리해고하며 "우리는 아직도 AI 같은 새롭고 강력한 트렌드로 이익을 얻지 못하고 있다. 우리 비용은 너무 높고, 마진은 너무 낮다"라고 자인했다.

인텔의 추락은 하루아침에 이루어진 것이 아니다. 인텔이라는 거함은 수십 년간 야금야금 무너졌다. 그 중심에는 잦은 오판을 저지르고 조직을 혁신하지 못한 CEO가 있었다.

인텔은 AI 시대에도 그 중심에 설 기회가 있었다. 2017~2018년 생성형 AI 선두주자인 오픈AI의 지분을 저가에 매수할 기회가 있었지만 이를 걷어차버린 것이다. 인텔은 최대 30퍼센트까지 오픈AI의 지분을 인수할 수 있었다. 엔비디아에 대한 반도체 의존도를 낮추는 대안을 찾던 오픈AI가 인텔에 10억 달러의 가격에 오픈AI 지분의 15퍼센트를 사들이는 방안을 제시했다. 이에 더해 인텔이 오픈AI가 필요한 하드웨어를 원가로 생산할 수 있게 해준다면 오픈AI 지분 15퍼센트를 추가로 인수하는 방안까지 먼저 제시했던 것이다. 하지만 당시 인텔 최고경영자였던 로버트 스완Robert Swan은 오픈AI의 생성형 AI가 근시일 내에 돈을 벌어주지 못할 것이라 오판하고 투자 논의를 백지화해 버렸다.

결국 오픈AI는 챗GPT를 발표한 후 더 유리한 조건에 마이크로소프트의 품에 안겼다. 생성형 AI의 중요성을 깨닫고 있던 마이크로소프트가 오픈AI를 인수해 AI 소프트웨어 분야에서도 강자의 지위를 얻게 된 현 질서에 비춰보면, 인텔은 커다란 판단 미스를 한 것이다. CPU를 개발하며 PC 시대를 장악한 인텔은 당시에는 혁신 기업이었지만 모바일에 이어 AI 전환 기회까지 놓치며 결국 경쟁사들에게 주도권을 뺏긴 신세가 됐다.

그 이전에도 시대를 읽지 못한 인텔 CEO들의 헛발질은 여전했다. 1990년대 전성기를 구가한 인텔은 2005년엔 마케팅 전문가 폴 오텔리니Paul Otellini가 CEO로 취임하면서 8년간 그 지위를 유지했지만, 폴 오텔리니의 집권기에도 모바일 CPU 시장에서 영국 반도체 설계 기업 Arm 기술을 기반으로 하는 퀄컴 등 경쟁사에 완전히 밀려났다.

2013년 후임 CEO인 브라이언 크르자니크Brian Krzanich는 재무 출신답게 엔지니어들에게 원가 절감, 단기 성과를 요구하며, 2016년엔 대규모 해고를 단행했다. 조직 내부에서 소극적인 기술 개발 분위기가 만연했고, 인텔은 모바일 사업에서 완전히 철수해 버렸다.

브라이언 크르자니크의 후임도 재무 전문가 출신으로 기술 개발보다는 원가 절감을 우선순위에 두었는데, 그가 바로 오픈AI 지분 인수를 걷어찬 로버트 스완이었다. 인텔이 최첨단 공정 경쟁에서 대만 TSMC, 삼성전자에 밀리기 시작한 시점이 이때다.

반면 애플의 아이폰은 21세기의 가장 중요한 발명품으로 평가받고 있다. 스티브 잡스가 아니었다면 혁신적인 휴대전화 '아이폰'이 탄생했을까? 여기에는 그의 남다른 노력이 들었다. 그는 디스플레이 유리로 내구성이 좋아 깨지지 않는 고릴라 글라스Gorilla Glass를 택했는데, 유리 생산처인 코닝 글라스Corning Glass의 CEO 웬들 웍스Wendell Weeks가 6개월 내 생산이 불가능하다고 하자, "아뇨, 당신들은 할 수 있어요. 명심해요. 당신은 할 수 있어요"[6]라고 했다. 실제로 코닝 글라스는 6개월 내 생산을 마쳤다.[7]

투명성을 바탕으로 한 의사결정

한 명의 기업 CEO는 조직 전체를 좌지우지할 수 있는 최종 결정을 한다는 점에서 모든 조직원을 합친 것보다 중요할 수도 있다. 매 순간 '최종 결제'를 요구받기 때문이다. 그렇기에 CEO는 누구나 오르고 싶어하는 자리이지만 심장이 약한 사람에게는 '극한 직업'일 수도 있다. 엔비디아 CEO 젠슨 황도 이와 관련해 의미심장한 말을 남겼다.

> "CEO는 다른 사람이 할 수 없거나 하지 않는 일을 하는 사람이어야 한다."
>
> "We should be working on the things that nobody else can or nobody else is."[8]

여기서 '다른 사람이 할 수 없거나 하지 않는 일'이란 조직 전체를 대신한 최종 결정을 뜻한다. 이 결정에서 실수가 없도록 하기 위해 젠슨 황이 가장 중요하게 생각하는 것은 올바른 정보다. CEO도 신이 아니고 사람일 뿐이다. CEO의 정확한 판단을 이끌어내는 정보가 조직 내에서 공유되는 방식, 또 그것을 가능하게 조직 체계가 필요하다는 사실을 그는 그 누구보다 잘 알고 있는 것이다.

젠슨 황은 이러한 목적을 위해 최적화한 커뮤니케이션 체계를 구축했다. 그는 우선 자신의 직속 부하 직원을 55명이나 두고 있다. 다른 빅테크의 CEO들이 대체로 10명 정도의 직속 부하를 고용하고 있는 구조와 비교하면 상당히 많다. 이 방식이 최대한 빠르게 정보를 전달하기에 가장 적절한 구조라고 믿기 때문이다. CEO에게 직속으로 보고하는 직원이 많을수록 회사 내 계층이 줄어드는 효과도 생긴다.

회사 내의 정보는 최대한 빠르고, 정확하고, 투명해야 한다. 조직 체계와 워크플로도 이와 같은 방식으로 돌아갈 수밖에 없다. 그는 "내가 어떤 식으로든 특정 직원에게 비밀스럽게 말하는 정보는 한 조각도 없다. 회사의 나머지 인원에게도 마찬가지다"[9]라고 강조했다.

이렇게 하면 조직의 수평 구조가 만들어지고, 정보는 물처럼 흘러 모든 구성원의 귀에 들어간다. 엔비디아 CEO는 "이렇게 우리 회사는 기민함을 목적으로 디자인됐다. 정보가 가능한 한 빨리 흘러야 한다. 조직원들은 정보가 아니라, (이를 바탕으로 한) 결과 창출의 행위로 힘을 가지게 된다"[10]라고 설명했다.

CEO와 직원, 직원과 직원 등 모든 단위의 커뮤니케이션도 여기에 부합해야 한다. 젠슨 황이 가장 선호하는 의사소통 방식은 이메일이다. 그는 직원들에게 매일 수백 통의 이메일을 보내는 것으로 유명하다. 몇 단어로 된 이메일도 상관없다.

직원들이 각자 가장 중요하게 생각하는 아이디어 다섯 개를 매주 한 번씩 CEO에게 직접 보내게 하는 '톱 5 리스트' 방식도 젠슨 황이 고안해 운영하는 체계다. 젠슨 황은 전 세계 직원들이 보낸 톱 5 리스트를 체크한다. 이를 보내는 직원은 CEO를 포함해 조직 구성원 모두가 알았으면 하는 정보를 쓴다. CEO에게 적접 보고하는 정보를 대충 내놓을 사람은 없다.

젠슨 황은 시스템을 확률적으로 샘플링하면서 기업이 원하는 방향으로 가고 있는지를 지속적으로 점검하고, 톱 5 리스트를 통해 직원이 회사 전략과 상응해 자신의 임무를 제대로 실행하고 있는지를 면밀히 살핀다.

특이한 점은 자신이 작성한 톱 5 리스트를 젠슨 황이 다른 직원들과 나누지 않는다는 것이다. CEO의 톱 5 리스트를 공유하면 조직 시스템이 오염될 수 있다는 생각에서다. 즉, 직원들이 의식적으로든 무의식적으로든 CEO 생각에 맞춰 자신의 생각을 바꿔나갈 수 있기 때문이다. CEO 입맛에 맞는 아이디어가 애초의 취지를 무너뜨릴 것을 우려하여 내린 조치다. 따라서 엔비디아 CEO가 직접 쓴 톱 5 리스트의 내용은 작성자만 알고 있다.

젠슨 황은 2012년경부터 컴퓨터 연구자들이 인공 신경망 연구에 엔비디아 GPU를 사용한다는 사실에 주목하면서 임직원들에게 이와 관련한 정보를 집중적으로 보고하도록 주문했다. 이를 바탕으로 2015년에 딥러닝이 이슈로 떠오르자, 젠슨 황은 엔비디아 임직원들에게 이메일을 보내 딥러닝에 올인하겠다고 선언했다. 시장 흐름을 읽은 그의 전략은 적중했고, 엔비디아는 AI 시장을 장악했다.

젠슨 황이 조직을 운영하는 방식은 그야말로 초인적이다. 어찌 보면 자기 자신에게 너무 가혹하게 보인다. 사회적으로 성공을 인정받고, 셀 수 없는 부를 쌓고, 엔비디아 같은 빅테크를 일군 사람이라면 그때부터는 승자의 삶을 누리는 쪽으로 바뀌는 것이 일반적이지만 그는 그것을 허용하지 않는다. 조금만 방심하면 나락으로 떨어질 수도 있는 이 세계의 냉혹한 민낯을 너무 깊이까지 본 탓이 아닐까?

아마도 월가나 기업 CEO들이 그를 인정하는 이유도 이런 면모가 아닐까 한다. 월가의 유명 투자평가자인 루이스 나벨리에Louis Navellier는 2024년 8월 28일 엔비디아 실적 발표를 앞두고 창의성과 실험정신이 장려되는 업무 환경을 조성하고 혁신의 문화를 이룬 점을 들며 엔비디아 CEO 젠슨 황에 대해 '완전한 A+' 등급을 매겼다.[11]

같이 일하는 모두가 파트너

같은 비전을 공유하는 사람들의 집합체

'구조조정'과 '해고'는 직장인이 가장 두려워하는 단어다. 미국 기업 문화에서는 구조조정이나 해고가 우리나라보다 훨씬 자유로운 편이다. 하지만 우리나라에서도 이제는 낯선 풍경이 아니다. 외부에 드러나지 않는 작은 단위의 구조조정은 1년 내내 이루어지고, 영업 실적을 최우선으로 두는 조직의 경우 새로 임명된 조직 책임자는 실적이 기대치에 도달하지 못하면 파리 목숨이나 마찬가지다.

미국 기업은 무서운 기세로 구조조정을 단행한다. 코로나19 말기인 2022년 연준의 급격한 금리 인상과 경기 침체 우려가 거시경제를 지배했고, 그 여파로 2023년 초 미국 빅테크들이 너도나도 대규모 해고에 동참했다.

주요 빅테크의 감원은 전체 직원의 5퍼센트 이상 규모였다. 마이크로소프트는 전체 직원 대비 5퍼센트인 1만 명, 아마존은 6퍼센트인 1만 8,000명, 메타는 무려 13퍼센트인 1만 1,000명을 해고했다.

당시 순다르 피차이 알파벳·구글 CEO는 직원들에게 보낸 이메일에서 "1만 2,000명 규모의 인원 감축을 결정했다. 일단 해고는 미국 지역부터 즉시 시작하고 순차적으로 다른 나라에 있는 직원들로 확대될 것이다"라고 통보했다. 구글의 감원 칼바람 앞에 수십억 원 성과금을 받던 고액 연봉 임원들도 추풍낙엽 같은 신세이기는 마찬가지였다. 특히 구글의 핵심 사업으로 취급받던 클라우드 사업부서 핵심 임원들도 짐을 싸서 떠났다. 구글 창사 후 최대 감원이었다.

빅테크들은 정리 분야의 인력을 무지막지하게 잘라내는 동시에, AI 분야에 대한 대규모 투자를 발표하며 관련 분야 인재 및 전문인력 스카우트에 나섰다. 이와 관련해 사티아 나델라 마이크로소프트 CEO는 "인공지능 챗봇 '챗GPT' 개발사인 오픈AI와 파트너 관계를 맺었다. 이번 투자는 최첨단 AI 연구를 진전시키고 AI를 새로운 플랫폼으로 만들려는 공동의 목표 달성을 위한 것이다"라고 발표했다.

빅테크들은 AI 우수 인력 쟁탈전을 벌이기까지 했다. AI 개발자와 엔지니어들의 몸값은 천정부지로 치솟았다. AI 투자에 사활을 걸기로 작정한 빅테크들이 대규모 감원을 통해 자금을 확보하고, 그 돈으로 AI 인력을 확보하는 데 사용했다고 볼 수 있다.

기업의 생존을 위한 불가피한 선택이었다고 하지만, 해고는 본질적으로 수많은 사람이 피를 흘리는 잔인한 사건이다. 그래서 구조조정 과정에서 조직을 떠나는 인력에 대한 회사의 태도는 매우 중요하다. 조직원을 철저히 회사의 도구로만 생각했다는 모습이 드러난다면, 아무도 그 회사에 진심으로 충성할 사람은 없게 된다.

좀더 불행한 경우는 M&A 발생 후 인수당한 측의 인력들이 무자비하게 쫓겨날 때다. 2023년 빅테크들의 대규모 감원 물결 속에서 테슬라 CEO 일론 머스크는 자신이 인수한 트위터의 직원들을 80퍼센트나 감원했다. 여기서 한발 더 나가, 장애를 가진 직원에게 해고를 통보하며 조롱하기까지 해 논란을 빚었다. 그 직원에게 사과하고 해고를 취소하기는 했지만, 그 사건은 직원을 무가치한 소품 정도로 대하는 일론 머스크의 사고방식이 적나라하게 드러나는 계기가 됐다. 테슬라 공장의 무인화를 추구하는 그의 전략까지 떠올라 일론 머스크의 부정적 이미지만 짙게 했다.

젠슨 황이 감원하지 않는 이유

대규모 감원 소식이 세상을 떠들썩하게 할 때, 비교적 조용한 빅테크가 있었다. 엔비디아는 감원 소식이 거의 없는 기업에 속한다. 엔비디아의 초창기인 1990년대 중반 폐업 위기 속에서 인력의 50퍼센트를 감원한 후로, 젠슨 황은 감원과 해고의 칼날을 직원들에게 휘두르지 않는 CEO로 유명하다.

《포천》이 〈어콰이어드〉 인터뷰를 인용한 2023년 11월 4일 자 기사에서 이 부분에 대한 생각이 명확히 드러난다. 감원과 관련한 질문을 받은 젠슨 황은 "엔비디아의 아주 초창기에 직원들을 내보내야 했던 것과 같은 일이 오늘도 일어나서 걱정스럽다"[12]라며 입을 뗐다.

거의 30년이 지났지만, 엔비디아 초창기 감원 사건은 그의 가슴에서 지워지지 않는 아픈 기억으로 남아 있는 듯하다. 이어지는 말에서 엔비디아 CEO의 직원관이 구체화된다.

> "나의 희망과 꿈을 믿었기에 엔비디아에 입사한 수많은 사람과 함께한다. 이 사람들은 그것을 자신의 희망과 꿈으로 삼았다. 나는 그들을 위해 옳기를 바란다. 나는 그들을 위해 성공하기를 바란다. 나는 그들이 훌륭한 삶을 살길 바란다. (……) 가장 큰 두려움은 내가 그들을 실망시키는 것이다."
>
> "You have a lot of people who joined your company because they believe in your hopes and dreams, and they've adopted it as their hopes and dreams. You want to be right for them. You want to be successful for them. You want them to be able to build a great life. (……) The greatest fear is that you let them down."[13]

여기에서 가장 중요한 키워드는 '꿈과 희망'이다. 젠슨 황의 말은 직원들에게 던지는 장기 비전이다. 즉, 직원은 젠슨 황과 엔비디아와 동등한 파트너라는 것이다. 더 나아가, 그는 직원 개인의 성공적인 인생을 엔비디아라는 큰 틀에서 찾아도 좋을 만한 괜찮은 기업이라는 자신감을 드러내고 있다.

물론 직원들을 오래 데리고 가는 CEO들도 많다. 하지만 그 이유는 각각 다르다. 젠슨 황에게 직원들은 한 가족이라기보다는 같은 꿈과 비전을 공유하는 동지 같은 존재다. 생사고락을 함께하는 동지들을 헌신짝 버리듯 하기는 어려울 것이다. 자신이 쏘아 올린 꿈과 희망에 동참한 이들과 끝까지 같이 가보겠다는, 그들의 선택이 틀리지 않았음을 보여주겠다는 마도로스 같은 인물이 젠슨 황이다.

엔비디아에 입사한 사람들은 나의 희망과 꿈을
자신의 희망과 꿈으로 삼았다.
나는 그들을 위해 옳기를 바란다.
나는 그들을 위해 성공하기를 바란다.
나는 그들이 훌륭한 삶을 살길 바란다.
가장 큰 두려움은
내가 그들을 실망시키는 것이다.

진심을 담은 존경을
기꺼이 표현하기

사업 파트너를 넘어 사랑의 관계로

엔비디아 투자자들이 높은 주가가 언제 떨어질지 몰라 불안할 때 반드시 찾아보는 기업이 있다. 반도체 파운드리 기업인 대만의 TSMC다. 엔비디아의 AI칩들을 전담해 찍어내는 공장이 바로 TSMC 이기 때문이다. TSMC의 실적과 전망이 밝다면, 엔비디아 주가는 걱정할 게 없다. 대만 강진으로 TSMC 반도체 공정이 일부 차질을 빚는다는 소식이 나왔을 때 엔비디아 주가가 약세로 전환했던 것도 그러한 이유였다.

엔비디아와 TSMC의 관계는 특별함 그 자체라고 할 수 있다. 반도체 공정을 제빵 과정에 빗대어 보면 레시피를 담당하는 '팹리스 Fabless'와 빵 굽기를 전담하는 '파운드리foundry'로 구분된다. 반도체 디자인만 하는 팹리스와 팹리스 위탁으로 제조만 하는 파운드리로 공생하기 때문에, 천하의 엔비디아라 하더라도 TSMC가 오늘도 온전하기를 두 손 모아 기도할 수밖에 없다. TSMC는 팹리스가 설계한 대로 성실히 만들어주는 한편, 반도체 정밀도를 높이는 데 투자하는 전략으로 오늘날 최고의 파운드리가 됐다.

엔비디아와 TSMC의 관계가 특별하다면, 엔비디아 CEO 젠슨 황과 TSMC 회장 모리스 창張忠謀의 관계는 특별하다는 말로 모자라다. 모리스 창에게라면 젠슨 황은 언제라도 허리를 90도로 굽힐 수 있다. 모리스 창은 엔비디아 CEO가 그렇게 대하는 지구상의 유일한 인물일 것이다. 오늘날의 엔비디아를 있게 한 GPU도 TSMC와 손잡으면서 생산할 수 있었기 때문이다. 엔비디아가 소규모 스타트업 딱지를 뗀 것도 TSMC와 파트너가 된 이후의 이야기다.

젠슨 황은 2023년 11월 9일 대만 리궈딩李國鼎상 시상식장에서 모리스 창의 수상을 축하하며 "엔비디아는 TSMC 없이 존재할 수 없다"[14]라고 단언했다.

두 사람의 인연은 1998년으로 거슬러 올라간다. 1996년 폐업 위기에서 엔비디아를 겨우 살려낸 젠슨 황은 반도체 기술에 대한 자신감을 바탕으로 대만의 거대 파운드리인 TSMC 회장 모리스 창에게 엔비디아가 설계한 반도체를 생산해 달라는 편지를 보냈다. 스타트업 단계를 벗어나 도약하려면 엔비디아를 전격적으로 밀어줄 '큰손'이 절실했다.

젠슨 황으로서는 자신의 편지를 모리스 창이 읽어줄 리 만무하다고 생각하며 모국 대만에 편지를 띄웠다. 그런데 그 한 통의 편지가 세계 AI의 역사를 바꾸었다. 그 편지를 본 모리스 창이 젠슨 황에게 직접 전화를 걸어 그의 손을 잡아준 것이었다. 그 후로 젠슨 황과 모리스 창은 서로 각별한 사이임을 숨기지 않았다.

여기서 TSMC 회장 모리스 창의 경력을 알아보자. 1931년 공산화 이전의 중국에서 태어난 모리스 창은 작가의 꿈을 안고 미국으로 건너간 청년이었다. 1949년 하버드대학에 입학해 셰익스피어를 전공했으나, 동양인에 대한 차별이 걱정돼 MIT에서 기계공학을 다시 공부했다.

그가 첫 직장에 입사한 시절의 이야기가 흥미롭다. 모리스 창은 포드자동차와 실바니아라는 전자회사 두 곳에서 입사를 제안받았다. 유명한 포드자동차에 끌렸지만 월급이 479달러라는 점이 마음에 걸렸다. 실바니아는 월급 480달러를 제안했기 때문이다. 모리스 창은 포드자동차 측에 월급을 조금이라도 올려줄 수 없는지 문의했다. 그러자 포드자동차 인사 담당자는 1센트도 올려줄 수 없다며 윽박질렀다.

모리스 창은 차선으로 실바니아에서 직장 생활을 택했지만 이 회사가 자주 휘청거리자 위태로움을 느꼈다. 그가 몸을 피한 곳은 반도체 기업인 텍사스인스트루먼트였다. 당시 막 떠오르는 반도체 부분에서 새로운 기회를 얻은 그는 일본 파견 근무를 하기도 했고, 대만에도 들렀다. 반도체 산업의 국제적 지형을 확인하며 시야를 넓힌 계기였다.

경쟁자보다 세 배의 시간을 더 쏟아라

1985년 반도체의 미래를 읽은 대만의 경제장관 리궈딩이 대만의 반도체 산업 부흥을 위해 낙점한 인물이 바로 모리스 창이었다. 돈에 구애받지 말고 반도체공장을 만들어달라는 대만 정부의 부탁으로 그의 인생은 새롭게 시작됐다. 모리스 창은 반도체 설계 기업들이 생산 위탁 기업에서 자사의 첨단 기술을 도난당할지 모른다는 두려움을 갖고 있다는 사실을 간파하고, TSMC를 철저하게 파운드리만 하는 기업으로 포지셔닝했다.

또한 모리스 창은 TSMC 직원들에게 "우리의 목표는 1등이 되는 것이다. 그리하려면 뒤에서 추격하는 경쟁자보다 세 배의 시간을 쏟아야 한다"[15]라는 구호를 내걸었다.

TSMC 역시 2008년 세계 금융위기와 함께 휘청거렸으나 2010년 일생일대의 기회를 잡았다. 애플의 휴대전화에 들어가는 마이크로 칩을 삼성이 전담 생산해 왔었는데, 삼성이 휴대전화 사업에서 경쟁자라는 점을 의식한 애플이 새로운 파트너를 찾기 시작한 것이다. 모리스 창은 애플 부사장 제프 윌리엄스와 저녁을 먹으며 TSMC는 고객과 경쟁하지 않는다는 점을 분명히 했다. TSMC는 애플의 새로운 파트너가 되었고, 삼성과 인텔을 앞서는 파운드리로 떠올랐다.

모리스 창의 진짜 업적은 스타트업 수준이던 엔비디아에 파트너로 손을 내밀어준 일 아닐까? TSMC와 손잡은 젠슨 황은 1999년 그토록 꿈에 그리던 '숙원 사업'을 이루어냈다. 엔비디아가 설계하고 TSMC가 제작한 게임 그래픽카드 '지포스256'을 출시해 세계를 깜짝 놀라게한 것이다. 지포스256은 세계 최초의 GPU로 평가되는데, 복잡한 그래픽 작업을 처리할 때 성능 병목현상 없이 데이터를 칩에 효율적으로 공급할 수 있는 독자적 기술로 구현됐다. 순차적으로 하나씩 연산 작업하는 CPU보다 훨씬 더 많은 코어로 구성되어 있어 픽셀이나 그래픽 작업을 빠르게 수행하는 데 적합했다.

지포스는 3D 그래픽 처리에 특화된 기술로 게임계에서 센세이션하다는 반응을 이끌어냈다. 엔비디아의 최대 경쟁사였던 3dfx는 그대로 몰락했다.

엔비디아는 이 분야에서 세계 최고의 기술력을 가진 기업으로 인정받았고, 같은 해 나스닥에 상장됐다. 젠슨 황을 알아본 모리스 창은 그에게 인생 멘토가 됐다. 젠슨 황은 리귀딩상 시상식장에서 "모리스 창과의 첫 만남에서, 당시 30대였던 내게 그는 기업 거버넌스와 조직 통합의 중요성에 대해 말해주었다"[16]고 회상했다.

젠슨 황은 모리스 창의 업적을 구체적으로 지적했다. 그는 "코끼리도 춤추게 한다. 모리스 창은 조직의 목적을 위해 그 무엇도 감내하는 TSMC를 길러냈다"[17]라고 강조했다. 여기서 "코끼리도 춤추게 한다"라는 말은 1993년에 망하기 직전의 IBM에 CEO로 취임해 '성과주의'로 조직을 구해 낸 루 거스너Louis Gerstner의 저서 『코끼리를 춤추게 하라』를 빗댄 표현이다. 실행과 성과에 중점을 두고 문제 해결에 적극적인 직원을 칭찬하라는 메시지를 담은 이 책은 우리나라에서 베스트셀러 열풍을 일으킨 『칭찬은 고래도 춤추게 한다』와 자주 비교되곤 한다.

젠슨 황은 모리스 창에게 이러한 찬사만으로는 충분치 않다고 생각한 듯하다. 그는 2018년 TSMC 회장직 공식 은퇴를 선언한 모리스 창에게 존경의 마음을 담아 다음과 같은 글귀를 전했다.

"당신의 커리어는 걸작입니다. 베토벤 9번 교향곡처럼요."

"Your career is a masterpiece—a Beethoven's Ninth Symphony."[18]

사람들의 마음과
생각을 들여다보다

타인의 감정 헤아리다

"공화당 지지자까지도 청중을 휘어잡는 그의 능력에 혀를 내둘렀다." 『심리학, 생활의 지혜를 발견하다』에는 전 미국 대통령 빌 클린턴의 대학 연설이 소개된다.[19] 이 연설은 민주당 후보로 당선된 빌 클린턴이 1993년부터 2001년까지 재임한 점에 비추어, 그사이쯤으로 추정된다.

저자는 처음 10분은 믿어지지 않을 정도로 지루해서 관객이 다 빠져나갈 것처럼 느꼈다고 한다. 연설이 중간에 이르자, 급반전이 일어났다. 갑자기 원고에서 빠져나와 젊은 대학생들에게 말을 걸기 시작한 빌 클린턴은 학생들에게 결정적으로 중요한 이슈들을 건드리며 청중을 휘어잡았다. 저자는 학생들은 대통령이 자신들에게 개인적으로 말하는 느낌을 받았을 것이라고 회상했다.

노련한 연설가인 빌 클린턴은 이미 청중을 자신의 편으로 만드는 방법을 알고 있었으리라. 인기 있는 드라마나 영화는 시청자, 관객이 최소한 주인공 중 한 명과 자신을 동일시하게 만들든지, 스토리 속에 폭 빠져들도록 만든다. '남의 일'을 '내 일'로 마술적 화학작용을 일으키는 힘이 공감이다.

엔비디아 CEO 젠슨 황이 2024년 6월 초 컴퓨텍스 행사에 참여한 일주일간 대만은 젠새너티 열풍에 휩싸였고, 그가 가는 곳마다 인산인해를 이루었다. 한 여성은 갑자기 사인을 해달라며 가슴을 내밀었고, 젠슨 황은 "좋은 생각인가요?"라고 확인한 후 그곳에 쿨하게 사인했다. 그 여성은 자신의 SNS에 "소원 성취했다. 'AI 대부'와 악수했다"라며 기쁨을 감추지 못했다.[20]

젠슨 황은 어떻게 젠새너티의 주인공이 될 수 있었을까? 그가 '흙수저' 출신으로 엔비디아를 세계 시총 1위에 오르게 한 '초능력자'이기 때문일까? 미국 일부 언론에서는 AI 열풍 때문이라고 추측하기도 했지만, 그게 전부일 수는 없다. 젠슨 황에게는 사람을 잡아끄는 인간적 매력이 있다.

그는 타인의 감정을 헤아릴 줄 안다. 아홉 살 나이로 아무도 의지할 곳 없는 미국 시골 학교에서 나이 많은 불량배들 사이에서 화장실 청소를 강요당하고, 학비를 벌기 위해 열다섯 살 때부터 대학교를 졸업할 때까지 접시닦이와 버스보이 일을 하며, 창업 자금도 턱없이 부족한 상태에서 두 친구와 엔비디아를 무턱대고 공동 창업해 망할 뻔한 위기에 수차례 몰렸고, 자신의 목숨줄을 쥔 상대에게 살려 달라고 빌어보기도 하고, 작은 스타트업으로서 거대 반도체 파운드리인 TSMC 회장에게 뜻밖에 파트너 제안을 받았다가, 주가가 80퍼센트 폭락하는 아찔한 상황을 겪기도 했다. 그 과정에서 그는 사람이 왜 기뻐하고 무엇으로 얼마나 고통스러워하는지, 고민을 어떻게 극복해야 하는지 자연스럽게 체득했다.

젠슨 황이 사람들에게 공감을 끌어내는 비결에 대해 특별히 언급한 적이 있다. "모리스 창 TSMC 회장이나 오랫동안 알고 지내온 사람들이 내게 인터뷰 때 모더레이터를 맡아달라고 부탁하는 경우가 있다. 그 이유는 내가 자리에 앉아서 그들에게 질문하는 방식으로 인터뷰를 하지 않기 때문이다. 나는 그냥 그들과 대화를 할 뿐이다."[21]

모리스 창은 공개적으로 청중이 많은 인터뷰 자리를 불편해하는데, 젠슨 황은 그 자리 분위기를 마치 자기들끼리 대화하는 것처럼 최대한 편하게 만든다는 이야기다.

매년 여름 인턴들에게 슈퍼카 공개하는 이유

그는 많은 관객이 지켜보는 무대에 서는 두려움을 언론을 통해 솔직히 고백하기도 했다. 미국 CBS의 탐사 프로그램 〈식스티 미니츠〉는 4월 28일 방송에서 무대 뒤의 엔비디아 CEO를 조명했다. 젠슨 황은 1만 8,000명이 지켜보는 무대가 여전히 무섭다고 했다.

그럼에도 젠슨 황은 즐거운 무대를 만들려고 노력한다. 특히 대만에 가서는 할 수 있는 범위 내에서 모국의 자긍심을 끌어올리는 '서비스'를 하곤 한다. 그의 무대 매너는 다음과 같은 생각에서 비롯된다.

"청중과 그들이 듣고 싶어 하는 것에 공감대를 이뤄야 한다."
"You have to be empathetic to the audience and what they might want to hear about."[22]

여러 매체의 증언에 따르면, 젠슨 황은 엔디비아 본사에 있을 때도 신입사원들이나 일반 직원들과 스킨십을 자주 하려 애쓴다. 젊은 사원들의 생각과 마음을 읽으려는 노력이다. 그들이 품는 비전이 바로 엔비디아의 미래이기 때문이다. 그가 매년 여름이면 가장 최근 입사한 인턴들을 실리콘밸리의 자택으로 초청해 집과 수영장, 자신의 수집품인 슈퍼카를 공개하는 것도 스킨십의 일환이다.

화목한 가정을 꾸릴 것

글로벌 빅테크 수장의 아내라는 자리

CEO의 자리는 외롭다. "왕관을 쓰려는 자, 그 무게를 견뎌라"라는 셰익스피어의 말에 걸맞은 자리다. 왕관의 무게가 무거울수록 외로움은 더욱 클 수밖에 없다.

그럼에도 CEO 역시 자리가 만든 사람일 뿐, 조직을 벗어나 가정으로 돌아가면 우리와 똑같은 생활인이다. 가정생활의 질과 행복감이 CEO가 기업을 경영할 때도 적지 않은 영향을 미치는 사실은 두말 할 나위가 없다. 그래서 글로벌 빅테크를 파악할 때 CEO는 물론, 그 너머에 있는 CEO 아내의 존재까지 따진다.

CEO의 아내는 기업 경영에 직접 참여하지 않더라도 공동 경영인이라는 시각에서 보아야 한다. CEO 아내가 적지 않은 지분의 소유

자일 경우 기업의 지배구조나 의사결정에 직접적으로 관여할 수 있고, 서류상 그렇지 않더라도 남편을 통해 자신의 의사를 반영하고 있을 수 있기 때문이다. 무의식적으로라도 CEO의 판단, 감정에 가장 긴밀하게 개입할 수 있는 사람이 바로 CEO의 배우자다. CEO가 정신적 공허함을 느낄 때 다독이고 격려할 수 있는 유일한 사람이라는 측면도 간과할 수 없다.

'왕국'을 오너 지분 100퍼센트의 거대기업이라고 해보자. 셰익스피어는 『맥베스』에서 왕국을 공동 운영하는 부부를 보여주고자 했다. 스코틀랜드의 왕족이자 전쟁 영웅에서 덩컨 왕을 죽이고 왕좌에 앉은 맥베스와 함께 왕관을 쓴 레이디 맥베스는 영락없는 공동 CEO다. 덩컨 왕을 살해하도록 계획을 짜고 남편을 조종하는 레이디 맥베스의 모습 속에서 셰익스피어는 악에 물든 부부의 잔인성이 배가되는 과정을 집중적으로 조명했다.

『맥베스』 뮤지컬 버전은 맥베스 부부가 "왕관은 왜 이리 무겁고 난리야. 까딱 잘못하면 목 부러지겠다. 근데 왜 벗으면 또 허전해"[23]라고 말하는 장면을 삽입했는데, 원하는 왕관을 얻고도 막상 불편하게 느끼는 심리를 이런 방식으로 보여주었다.

수만 명의 임직원을 거느린 글로벌 빅테크 수장 부부가 공동으로 쓴 왕관의 소유 및 운영 방식은 어떤 면에서는 맥베스 부부와 교집합을 가질 수도 있다. 때때로 이혼 발표가 난 후에야 생활인으로서 그들의 민낯이 드러나기도 한다.

2021년 8월에 이혼 절차를 마무리한 빌 게이츠 마이크로소프트 창업자와 멀린다 프렌치 게이츠 부부는 결혼 이후 회사나 재단 등을 공동 창립해 운영하며 재산을 함께 늘려왔기에 배우자에게도 상당한 규모의 재산 분할이 결정됐다. 빌앤드멀린다게이츠재단을 운영하며 공익사업에 앞장선 이들의 부부생활이 겉보기와 달리 순탄치만은 않았다는 사실도 알려졌다. 2019년 이혼한 베이조스는 아마존을 함께 설립하며 25년간 결혼 생활을 한 아내 매켄지 스콧에게 자신이 가진 아마존 지분 25퍼센트와 위자료를 합쳐 모두 383억 달러를 지급했다. 베이조스 부부 역시 사생활 면에선 불화를 노출했다.

남편을 대신해 공익 활동에 앞장서다

엔비디아 CEO 젠슨 황에게 아내 로리 황은 어떤 존재일까? 젠슨 황의 말로 미루어보면, 로리 황은 그의 첫사랑인 듯하다.

불량한 급우들이 득시글거린 켄터키주 오나이다 침례교 기숙학교에서 혈혈단신으로 청소년기를 보내고, 대학에 조기 진학한 열여섯 살의 대만계 학생 젠슨 황으로서는 대학 생활에서 자신을 도와줄 친구가 절실했을 것이다. 로리 황은 도움을 요청하는 젠슨 황을 살갑게 대해주었고, 이로써 두 사람은 연인 관계로 발전할 수 있었다. 그들의 관계는 첫 만남으로 따지면 40여 년 세월이고, 결혼 생활도 30년이 넘었다.

오리건주립대학 전기공학 전공자인 로리 황은 젠슨 황이 직장과 두 자녀의 부모로서 가정 생활을 안정적으로 병행할 수 있도록 뒷받침한 결정적 존재로 평가받고 있다. 대외적으로 나서지 않지만, 안 팎으로 남편을 내조하며 그림자 같은 역할을 수행하고 있다고 볼 수 있다. 로리 황은 공학에 대한 전문지식을 갖고 있기 때문에 남편에게 기업 운영이나 제품에 대한 실질적인 조언도 하는 것으로 알려졌다.

로리 황은 '젠슨황로리황재단'의 이사장을 맡고 있다. 부부 공동명 의로 하는 기부 행사나 공익 활동을 주도하고 적극적으로 나서기에 로리 황은 미국 여성들에게 귀감이 되고 있다.

엔비디아는 2022년 홈페이지를 통해 "오리건주립대학의 한 연구 실에서 서로를 알게 되었고, 그곳에서 공학 학위를 받았던 엔비디아 설립자 겸 CEO와 그의 배우자가 오리건주립대학 재단에 5,000만 달러를 기부했다"[24]고 밝히면서 재단 이사장인 로리 황의 생각과 메 시지도 자세히 전했다.

아내 로리 황은 단순한 내조자 이상의 존재로서, 남편이 정신적으 로 믿고 의존하는 유일한 대상이기도 하다. 젠슨 황은 남모르는 기 쁨의 비밀을 이렇게 표현했다.

"나는 집에 가서 아내에게 오늘 내가 회사를 구했다고 말하는 것을 좋아한다. 아마 그건 사실이 아닐 거다. 그러나 난 그렇게 생각하는 걸 좋아한다."
"I like going home and telling my wife I saved the company today, Maybe it wasn't true, but I'd like to think so."[25]

일과를 끝마칠 즈음엔, 엔비디아 CEO 역시 지치고 입 속이 텁텁할 것이다. 그럴 때는 속마음도 터놓고, 맘에 안 드는 사람도 속 시원하게 욕하고, 푼수같이 응석을 부려도 받아주는 이의 얼굴이 떠오르는 법이다. 돈을 많이 버는 것보다는, 퇴근하면 아내에게 조르르 달려가 자신이 회사를 구했다고 자랑하고 싶어서 안달이 난 남자, 좀 귀엽다. 아마도 아내는 그런 남편을 보며 "여보, 정말 수고했어요"라며 머리를 쓰다듬어주지 않을까? 이들 부부의 관계는 이 한마디로 더 물어볼 것도 없다.

작은 존재들의 귀함을
잊지 않는다

반려동물들을 위한 꿈의 직장

반려동물을 기르는 미국 직장인들에게 꿈의 직장으로 통하는 기업은 어디일까? 바로 세계 최고의 GPU를 만드는 엔비디아다.

엔비디아 본사를 방문한 사람들이 한결같이 꼽는 진풍경은 회사 통로나 야외 공간 곳곳에서 반려견을 데리고 다니는 직원들을 흔히 만나게 된다는 점이다. 사내 카페테리아에 들어서면 더 확실하게 감을 잡을 수 있다. 카페테리아의 디지털 메시지보드에는 듬직한 리트리버 사진과 더불어, 사내에서 반려견을 돌보는 것에 관한 수칙이 다음과 같이 적혀 있다.[26]

> 나는 당신과 함께 출근하는 걸 좋아한답니다. 하지만 기억해 주세요.
>
> — 나는 카페, 휴게실, 콘퍼런스룸, 연구실이나 다른 실내 공유 공간에 입장이 되지 않아요. 걸어 다닐 때 내게 목줄이 채워져 있어야 해요.
> — 나는 혼자 남겨져 있어서는 안 돼요. 그러니까 나를 나무에 묶어두거나 당신의 자리에 혼자 내버려두지 말아주세요.
> — 당신이 자리를 비울 필요가 있으면, 항상 누군가에게 나와 함께 시간을 보내달라고 부탁하세요.
> — 그리고 내가 머물렀던 자리를 깨끗이 치우는 걸 잊지 마세요. 나는 혼자서 그걸 할 수 없답니다.

엔비디아는 임직원이 반려동물을 직장에 데려오는 것을 공식적인 사규로 채택해 운영하고 있다. CEO 젠슨 황의 동의가 없었다면 불가능했을 일이다. 언제부터 이렇게 된 걸까?

2010년 무렵 한 직원이 젠슨 황에게 개를 직장에 데려와도 되는지 물었다. 젠슨 황은 "나도 혼자서 개를 돌봐야 했던 적이 있다. 개를 보러 점심시간에 회사에서 집으로 가곤 했다"라며 흔쾌히 데려오게 했다. 그 사건을 계기로 젠슨 황은 직원들이 반려동물을 회사로 데리고 오는 일을 공개적으로 지지하고 지원하기 시작했다.

2016년 12월 21일 자 《야후 파이낸스Yahoo Finance》에 따르면, 젠슨 황은 반려동물을 키우는 사람의 책임감을 강조했다. 반려동물을 직장에 데려오는 엔비디아의 문화에 대해 그는 이렇게 말했다.

"알다시피, 개들은 외로움을 탄다."

"Dogs, as we know, get lonely."[27]

이 같은 전제하에 그는 "당신이 책임감 있는 반려견의 부모가 되길 원한다면, 그걸 해내는 한 가지 방법은 개들에게도 직장을 제공하는 거다. 나는 개의 시각에서 이 문제를 봐야 한다고 생각한다. 그것이 마땅히 해야 할 일이다"[28]라고 했다.

CEO가 이렇게 적극적으로 밀어준 결과, 엔비디아는 개들에게 꿈의 직장으로 탈바꿈했다. 엔비디아에는 개들이 놀 수 있는 충분한 야외 공간이 갖추어져 있다. 물론 개들을 위한 풀밭도 마련돼 있다. 주인과 반려견이 함께 시간을 보내거나 일광욕을 즐기기 좋다. 회사는 원하는 직원에게 배변 봉투를 무료로 제공해 준다. 주인과 함께 엔비디아에 출근하는 개들은 빨리 이 분위기에 적응한다. 여러 마리의 개들이 어울리지만, 개들끼리 다투는 일은 거의 없다고 한다. 실내에 있을 때, 개를 데려온 직원은 바닥에 푹신한 이불, 담요 따위를 깔아 둔다. 개는 그 위에서 편히 쉬거나 낮잠을 즐긴다. 가끔 방문객이나 견주의 동료들 때문에 잠시 깨기도 하지만.

견주와 반려견에게 묻는 책임

무한 자유만 있는 건 아니다. 엔비디아에서는 견주와 개는 자율적으로 지켜야 할 원칙이 있다. 누가 치워주지 않기 때문이다. 그래서 개와 관련된 자리는 스스로 깨끗이 치워야 한다. 개는 사내에서 목줄을 차야 하고, 동행인이 옆에 있어야 한다. 위생상의 이유로, 개들은 음식과 관련된 공간에 들어가서는 안 된다. 업무 스케줄이 있을 때, 견주는 동료들에게 개를 보아달라고 부탁해야 한다. 개 알레르기나 개 혐오증이 있는 동료가 가까이 있을 경우, 견주는 자리를 재배치받을 수 있다.

엔비디아는 미국 기업 중에서도 반려동물 친화 정책을 가진 선두 기업이다. 미국에서도 엔비디아처럼 반려동물을 직장에 데려오는 것을 허용하는 기업은 많지 않다. 테크 기업 구글이나 세일즈포스, 초콜릿 제조사 마스 등이 엔비디아처럼 견주와 반려동물에게 우호적 문화를 가지고 있다.

반려동물을 사내에서 같이 근무하게 하는 기업들은 반려동물 덕분에 직원 간에 친밀도가 높아지고, 반려동물이 주인의 스트레스를 줄여주는 역할을 한다며 긍정론을 편다.

엔비디아의 경우 고양이는 직장에 데려오면 안 된다는 것도 기억할 만하다. 고양이는 낯선 장소에서 편안함을 느끼지 못할 뿐 아니라, 때로 같은 공간에서 개들을 자극하는 성향을 보인다. 차라리 고양이는 주인이나 개가 없어진 후 집에 혼자 있을 때 고독을 즐기는 동물인 것이다. 엔비디아의 반려동물 친화 정책은 각 동물의 속성을 세심히 고려하여 만든 규율이다.

젠슨 황은 개들을 지칭할 때 항상 '강아지들puppies'이라는 표현을 쓴다. 이 세상에 젠슨 황만큼 개를 좋아하고 귀하게 생각하는 이는 없을지도 모른다. 그는 집에서 키우는 개들과 관련한 흥미로운 일화를 공개했다. 엔비디아 CEO는 매일 아침 새벽 5시에 일어나 6시까지 한 시간 동안 침대에 앉아 자료를 보며 일과를 시작한다. 깨어 있지만 쥐 죽은 듯 시간을 보내는 것이다. 거실에 있는 개들이 부스럭거리는 소리 때문에 깨지 않도록 하기 위해서란다. 이에 대해 그는 "나는 누군가가 깨는 것은 개의치 않는다. 하지만 강아지들을 깨우면 죄책감을 느낀다"[29]라고 설명했다.

전 세계 비즈니스를 좌지우지하고 숫자로 냉정한 판단을 해야 하는 글로벌 기업의 최고책임자답지 않게 감성적인 면모다. 타인을 배려하고, 다른 생명체를 존중하는 젠슨 황의 마인드가 엔비디아라는 기업 특유의 DNA로 발현되리라는 것은 예상하기 어렵지 않다.

"AI 열차에
탑승하라"

불확실성에 대한 도전이 가져온 기회

AI 시대의 선두에 서다

훗날 인간 반란군의 지도자가 될 아이와 엄마를 미리 제거하기 위해 미래의 스카이넷Skynet은 무시무시한 살인 기계들을 현실 세계로 보낸다. 영화 〈터미네이터〉가 상상한 디스토피아적 미래다. 아마도 스카이넷은 우리가 알고 있는 AI의 먼 후손쯤 될지도 모르겠다.

배경을 바꾸어 미래의 누군가가, 이름은 아무래도 좋다. AI의 출현을 막기 위해 '해결사'를 현실로 보낸다면 그 표적은 누가 될까? 아마도 엔비디아 공동 창업자 젠슨 황과 엔비디아 하이퍼스케일 담당 부사장인 이안 벅Ian Buck이 되지 않을까? 왜 이 두 사람인지는 잠시 후 설명하도록 하겠다.

2010년대 중반부터 우리 귀에 '딥러닝'이라는 생소한 단어가 들려

왔고, 2022년쯤부터 'AI'라는 단어가 떠올랐다. 훗날 누군가 AI 역사를 정리한다면, 위의 과정과 크게 다르지 않을 것이다. AI를 본편 제작이라고 한다면, AI의 전 단계로서 딥러닝은 사전 제작쯤으로 부를 수 있지 않을까.

하지만 이런 단어들이 우리 귀에 들리기 훨씬 전부터 그 시대의 도래를 예상하고 준비한 이들이 있었다. 젠슨 황과 엔비디아다. 젠슨 황이 이 모든 것을 정확히 예측했건, 아니면 살아남기 위해 몸부림치는 과정에서 우연히 방향키를 잡은 것이건, 엔비디아가 내딛는 발걸음 중 어느 것 하나도 AI의 발전 과정과 관련되지 않은 것은 없다.

시장에서는 그 과정을 'GPU' '딥러닝' 'AI' 등의 용어로 구분 지어 부르지만, 젠슨 황의 입장에서는 엔비디아가 강점을 가진 제품력을 지속적으로 개선하고 업그레이드한 일종의 단일 파이프라인일 수 있다. 젠슨 황은 《뉴요커》에서 딥러닝을 시작한 계기와 관련해 의미심장한 말을 남겼다.

"우리는 슈퍼컴퓨팅을 대중화하고 있었다."
"We were democratizing supercomputing."[1]

여기서 끄집어내야 할 키워드가 바로 '슈퍼컴퓨팅'이다. 젠슨 황의 시각에서 보면 슈퍼컴퓨팅은 게임 그래픽카드에서 발전한 GPU의 가속 컴퓨팅으로 태어났고, 슈퍼컴퓨팅의 초고도화 형태가 바로 AI일 수 있기 때문이다.

젠슨 황도 처음부터 GPU가 슈퍼컴퓨팅에 사용될 수 있다고 생각한 건 아니었다. 게임 그래픽카드 외에 다른 용도의 가능성을 일깨워준 이들은 광적인 게이머들이었다.

젠슨 황의 엔비디아는 1999년 TSMC와 파트너가 된 성과로 훗날 GPU의 원조로 기억될 게임 그래픽카드 지포스256을 출시했다. 게이머들은 게임 그래픽을 압도적으로 향상시킨 '지포스' 시리즈에 열광했다. 특히 지포스는 수류탄으로 처치해야 하는 적들을 생성하는 데 병렬 컴퓨팅을 이용한 비디오 게임 퀘이크 시리즈로 인해 게이머 사이에서 명성을 얻었다. PC 게이머들은 게임상에서 이점을 얻기 위해 새로운 지포스 카드를 구입해 업그레이드했다.

회사의 운명을 바꾼 게임 마니아

가속 컴퓨팅이 언젠가 세상을 바꿀 거라는 신념으로 AI 시대를 예비한 젠슨 황의 오랜 비전에서 엔비디아의 역사를 바꿀 계기를 만든 또 하나의 인물을 소개한다. 앞서 소개한 엔비디아 하이퍼스케일 담당 부사장 이안 벅이다. 그는 2000년 당시 미국 스탠퍼드대학에서 컴퓨터 그래픽을 공부하던 대학원생이었다. 엄청난 게임 마니아였던 그는 32개의 지포스를 연결해 퀘이크를 즐겼다.

이 말만 들어도 그가 얼마나 대단한 게임광인지 알 수 있다. 그러던 중 이안 벅은 게임에서 친구들에게 수류탄을 던지는 것보다 업무용으로 GPU를 쓸 수 있는지 궁금해졌다. 지포스 시리즈는 엔비디아의 원시적 프로그래밍 도구 '셰이더Shader'와도 맞물려 돌아가는 데 문제가 없었다. 미국방위고등연구계획국DARPA에서 장학금을 받던 벅은 셰이더를 해킹해 병렬 컴퓨터 서킷에 접근했고, 지포스로 저예산 슈퍼컴퓨터를 개발했다. 이 사실을 알게 된 젠슨 황은 곧 이안 벅을 엔비디아에 채용했다.[2]

물 만난 물고기가 된 이안 벅은 슈퍼컴퓨터에 대한 열정을 불태웠다. 2004년부터 이안 벅은 슈퍼컴퓨팅의 발전에 획기적인 진전을 이룰 프로젝트를 맡았다. 그 후로 20년 이상 엔비디아 칩들의 한계를 테스트하는 데 온 시간을 바쳤다. AI 시대에 엔비디아가 자랑하는 막강한 병렬 처리 컴퓨팅 플랫폼인 CUDA 개발을 감독한 사람이 바로 스탠퍼드대학 출신 게임광이었다. 젠슨 황은 엔비디아의 모든 지포스 카드, 즉 GPU로 CUDA를 구동하는 목표를 세웠다. 그것은 성공을 거두었고, 이 사건을 두고 젠슨 황은 "우리는 슈퍼컴퓨팅을 대중화하고 있었다"라고 평가한 것이다.[3]

이안 벅은 소프트웨어를 향상시켰고, 엔비디아의 하이웨어팀은 슈퍼컴퓨팅 운영에 필요한 마이크로칩 개발에 박차를 가했다. 그 칩에는 수십억 개의 전기 트랜지스터들이 들어갔다. 젠슨 황은 '불확실한 시장'에 수십억 달러를 쏟아부었고, 개발자들은 아이디어를 얻기 위해 꿈속에서도 고민했다.

그러나 2006년 말 CUDA가 출시되었을 때, 월가는 실망스럽다는 반응을 내놓았다. 젠슨 황은 CUDA는 존재만으로도 슈퍼컴퓨팅 섹터를 확장할 것이라고 주장했지만, 이러한 의견은 크게 받아들여지지 않았다. 2008년 말 엔비디아 주가는 세계 금융위기와 함께 80퍼센트 이상 폭락했다.

엔비디아는 또다시 위기에 놓였다. 2009년 CUDA가 성공했지만, 그 후로 3년 동안 내리막이었던 것이다. 엔비디아 이사회는 주가 폭락으로 인해 엔비디아가 기업 사냥꾼들의 표적이 될 수 있다는 경고를 내놓았다.

수익을 창출해 위기를 극복해야 하는 젠슨 황의 눈에 띈 것이 바로 딥러닝이었다. 딥러닝은 컴퓨터가 스스로 학습하는 기술로서 상당한 양의 행렬 곱셈이 필요했고, 엔비디아 CEO는 여기에 엔비디아의 GPU를 활용할 수 있다고 판단했다. 이때도 젠슨 황이 사업 비전을 슈퍼컴퓨팅에 두고 있던 것을 확인할 수 있다.

하지만 2010년 무렵 연구 개발 단계인 딥러닝으로 돈을 벌 수는 없었다. 젠슨 황을 구원할 호재가 등장했다. 2009년 비트코인이 탄생한 뒤 암호화폐 커뮤니티에서 비트코인 채굴에 CPU보다 GPU가 효율적이란 의견이 공유되면서, 엔비디아 GPU 수요가 급증한 것이다. 암호화폐 시장이 들썩인 2017년 무렵에는 엔비디아 그래픽카드가 품귀를 빚기도 했다. 덕분에 엔비디아는 자금 고갈로 시장에서 사라지는 상황에서 한숨 돌릴 수 있었다.

구글 알파고로 폭발한 AI 혁명의 불꽃

젠슨 황의 안목이 대단한 점은 딥러닝이 당장 돈벌이가 되지는 않았지만, 그 가능성을 계속 주시하고 준비했다는 점이다. 그가 어떻게 딥러닝의 가능성을 포착할 수 있었는지 4장에서 잠깐 언급했으나 여기서 더 자세하게 다루어보도록 하겠다.

딥러닝의 작은 불꽃이 발화한 계기는 2024년 노벨 물리학상 수상 자인 토론토대학 교수 제프리 힌턴Geoffrey Hinton과 그의 제자 일리야 수츠케버Iliya Sutskever와 알렉스 크리제브스키Alex Krizhevsky가 2012년에 '시각인식 경연대회ImageNet competition'에서 엔비디아 GPU로 훈련한 인 공 신경망 '알렉스넷'을 선보인 일이었다.

힌턴 교수팀이 알렉스넷을 개발하게 된 출발점도 엔비디아와 관련 되어 있다. 컴퓨터 신경망을 기반으로 인공지능을 연구하다 난관에 봉착한 힌턴 교수는 2009년 엔비디아의 첫 연례 개발자 콘퍼런스인 GTC에서 젠슨 황의 발표를 보며 영감을 얻었던 것이다.

GPU의 필요성을 직감한 그는 엔비디아에 GPU를 무료로 달라고 요청했으나 거절당했다. 힌턴 교수팀은 아마존에서 지포스 그래픽카 드 두 개를 구입했고, 조교들은 엔비디아 플랫폼 CUDA에서 시각인 식 신경망을 훈련시켰다. 돈이 없던 이들은 크리제브스키의 집 침실 에서 GPU를 돌렸다. 전기세는 크리제브스키의 부모가 대신 내주었다.

결국 크리제브스키는 인공 신경망에 '알렉스넷'이라는 이름을 붙 였고, 엔비디아 그래픽카드 같은 특수 GPU가 범용 CPU보다 신경망 을 최대 100배 빠르게 훈련할 수 있다는 9쪽짜리 논문을 발표했다.

이 분야를 연구하는 사람들과 관계자들이 모두 경악했다. 엔비디 아 GPU의 병렬식 연산 능력이 인공 신경망 구축을 가능하게 할 수 있다는 사실이 입증됐기 때문이다. 이후로 모든 시각인식 경연대회 참가자는 신경망을 사용하고 있었고, 2010년대 중반 엔비디아 GPU로 훈련한 신경망은 인간을 능가하는 96퍼센트의 정확도로 이미지를 식별해 냈다.

이 과정에 정보력을 총동원한 젠슨 황은 딥러닝의 시대가 본격 도래할 것을 간파하고, 어느 금요일 밤 "모든 것은 딥러닝이 된다. 엔비디아는 더 이상 그래픽 회사가 아니다"[4]라는 이메일을 임직원들에게 보냈다.

그 이메일 발송이 바로 엔비디아가 AI 기업으로 탈바꿈한 시작이었고, 슈퍼컴퓨팅을 대중화하려는 엔비디아 CEO의 오랜 노력이 성공을 거둔 순간이었다.

이후 젠슨 황은 "제프리 힌턴과 일리야 수츠케버, 알렉스 크리제브스키가 엔비디아의 CUDA GPU들로 알렉스넷을 훈련시켰고 2012년 시각인식 경연대회에서 우승함으로써 컴퓨터 시각 커뮤니티를 충격에 빠뜨렸다. 그것은 딥러닝의 빅 모먼트, 빅뱅이었다. AI 혁명의 시작을 알리는 전환점이었다"[5]라며 세 사람의 업적을 칭찬했다.

특히 힌턴의 제자로 오픈AI 이사가 된 일리야 수츠케버는 2023년 11월 오픈AI CEO였던 샘 올트먼을 축출하는 데 앞장서며 엄청난 유명세를 타기도 했다.

"준비된 자에게만 기회가 주어진다"라는 격언은 옳았다. 엔비디아는 2016년 구글의 알파고 이슈로 새로운 기회를 잡았다. 딥러닝이 시대의 화두가 되자, 엔비디아는 2017년엔 자체 개발한 딥러닝용

GPU인 '테슬라 V100'을 발표하고 관련 기술을 오픈소스로 공개했는데, 또 다른 '대박' 기회가 찾아온 것이다. 2022년 말 오픈AI의 챗GPT가 세상을 발칵 뒤집었고 챗GPT를 훈련시킨 도구가 엔비디아의 테슬라 V100이란 사실이 알려졌다. 당시로서는 불확실했던 분야인 슈퍼컴퓨터에 도전한 그의 배포 덕에 지금의 엔비디아가 만들어진 것이다.

사과가 떨어질 자리에
한발 앞서 가 있다

오픈AI의 챗GPT가 탄생하기까지

누구 눈치도 보지 않는 '마이 웨이'를 추구하고 메타 CEO 마크 저커버그를 향해선 링에서 한 판 붙자고 펄펄 뛰는 테슬라 CEO 일론 머스크가 예의를 차리는 사람이 있다. 바로 엔비디아 CEO 젠슨 황이다. 남아프리카공화국 에메랄드 광산주 아들인 일론 머스크와 태생적으로 '흙수저'에 가까운 젠슨 황은 출신을 포함해 모든 면에서 상극에 가깝지만, 서로에 대한 존중만큼은 누구보다 각별하다는 측면에서 흥미롭기만 하다.

월가에서도 두 사람은 자주 비교 대상이 된다. 샌프란시스코에 본사를 둔 데이터베이스 회사 맵디MapD의 CEO 토드 모스택Todd Mostak은 젠슨 황이 "제프 베조스, 일론 머스크급"[6]이라고 평가했다. 엔비디아가 'M7'의 멤버라는 배경이 작용하겠지만, 개인에 대한 평가도 젠슨 황은 일론 머스크와 동급으로 보고 있다고 볼 수 있다.

반면 CNBC 〈매드 머니〉의 짐 크레이머는 "일론 머스크는 (어떤 일을) 임박해야 볼 수 있다. 그러나 젠슨 황은 세상이 돌아가는 방식의 전체 패러다임을 바꾸는 유산을 생각하고 있다. 젠슨 황은 단독으로 산업 혁명을 창조하고 있다"라며 젠슨 황에게 더 후한 점수를 주었다. 어도비 CEO 샨타누 나라옌Shantanu Narayen도 "젠슨 황은 놀라운 선견지명과 과감한 실행력을 겸비한 보기 드문 인물이다. 엔비디아가 인공 지능에 집중해 시장을 주도할 기회는 무궁무진하다"라는 의견을 내놓았다.[7]

누가 뭐라 하든, 젠슨 황과 일론 머스크는 아주 우호적인 사이이다. 엔비디아는 AI칩 판매자이고 테슬라는 구매자라는 관계를 별개로 치더라도, AI의 아주 초기 단계부터 두 사람은 개인적으로 협력하고 서로를 인정해 왔다. 일론 머스크는 2023년 2분기 실적 발표에서 "젠슨 황과 엔비디아에 대단한 존경심을 가지고 있다. 테슬라는 엔비디아 하드웨어를 많이 이용하고 있다"[8]라고 밝혔다.

답례하듯, 젠슨 황은 《야후 파이낸스》 인터뷰에서 "테슬라가 자율주행차 분야에서 멀찍이 앞서 있다. 테슬라의 완전 자율주행 버전 12에서 정말 혁신적인 것은 엔드투엔드 생성 모델이라는 점이다"[9]라고 칭찬을 아끼지 않았다. 그가 지적한 엔드투엔드 방식은 테슬라가 자율주행을 도입하기 위한 개념으로, 카메라로부터 수집된 데이터를 입력받아 이를 기반으로 차량의 제어 명령을 내보내는 전체 과정을 하나의 통합된 시스템으로 처리하는 것을 뜻한다.

기술과 기술로 통하는 두 사람의 관계를 가장 상징적으로 보여주는 글귀가 바로 이것이다.

> "일론 머스크와 오픈AI 팀에게! 컴퓨팅과 인류의 미래에게, 나는 세계 최초의 DGX-1을 그에게 선사하노라!"
> "To Elon and the OpenAI Team! To the future of computing and humanity, I present you the world's first DGX-1!"[10]

이 글귀는 젠슨 황이 2016년 8월 세계 최초의 AI 슈퍼컴퓨터 DGX-1을 일론 머스크와 오픈AI에 직접 전달하면서 그 기기에 써넣은 것이다. 이때 젠슨 황이 오픈AI의 가능성을 알아본 것은 일론 머스크와의 관계를 우호적으로 만드는 데 일조했을 것이다.

이때는 일론 머스크가 비영리를 추구하는 오픈AI의 공동창업자로서 샘 올트먼과 불화를 빚기 전이다. 젠슨 황은 일론 머스크 앞에서 DGX-1을 직접 시연하며 기뻐했다. 사실상 젠슨 황과 일론 머스크는 인류 중 AI를 가장 먼저 알아보고 개발한 선두주자라고 할 수 있다. 그러니 두 사람의 관계는 일종의 전우라고 볼 수 있을 것이다.

미래를 보는 상반된 관점

하지만 젠슨 황과 일론 머스크의 생각은 때로 물과 불처럼 섞일 수 없을 듯 보이기도 한다. 일론 머스크는 "AI는 역사에서 가장 파괴적인 힘이다"[11]라며 AI가 일자리를 포함해 인류의 미래를 위협할 거라 주장하는 반면, 젠슨 황은 인류가 AI를 이용해 더 나은 미래를 만들어갈 것으로 예상한다.

AI를 "악마의 소환"[12]으로 여기는 머스크가 일자리와 관련해 AI를 위험하다고 보는 이유는 이렇다. 그는 "어떤 직업도 필요 없는 지점이 온다. 원한다면 직업을 가질 수는 있다. 미래의 도전 중 하나는 인생의 의미를 어떻게 찾아야 하는가의 문제다"[13]라고 설명했다.

젠슨 황은 이 문제를 전혀 다르게 본다. 그는 일자리가 없어지는 이슈에 대해 "어떤 이들은 AI 때문에 직업을 잃겠지만, AI를 이용하는 다른 사람들 때문에 그렇게 될 가능성이 더 크다"[14]라는 의견을 내놓았다. AI 탓이 아니라는 말이다. AI로 인해 미래에는 새로운 직업이 많이 생길 것이며, "명백하게 인간은 아이디어가 많다"[15]라는 그의 말은 인간이 AI 세계에서 지혜롭게 문제를 풀어갈 수 있다는 자신감을 보여준다.

스타트업 창업에 관한 생각도 너무나 다르다. 젠슨 황은 스타트업 창업 과정에서 고통을 겪을 수밖에 없음을 인정하면서, 이를 자양분 삼아 자신을 격려하고 실패를 두려워하지 말고 전진하라는 입장이다. 반면 자신은 죽음도, 실패도 두려워하지 않는다고 과거 여러 차례 밝힌 일론 머스크는 스타트업 창업자들을 향해 "격려가 필요하면, 창업하지 마라"[16]라며 사업에 감정을 끼워 넣지 말 것을 주문했다.

또한 젠슨 황은 이때까지 단 한 번도 정치적 기부를 한 적이 없다.

공화당, 민주당을 비롯한 정치 행사에도 선을 긋는다. 반면 일론 머스크는 2024년 공화당 지지를 공개적으로 표명하며, 트럼트와 일대일 대담을 갖는 등 비즈니스와 정치활동에 구분을 두지 않는다.

극명한 차이에도 불구하고, 두 사람이 서로에게 보내는 칭찬은 언제나 '어썸awesome'이다.

목표는 높이고
영역은 확장하다

CEO 한 사람의 영향력

먹구름만 잔뜩 끼어 있던 커피 프랜차이즈 스타벅스에 한 줄기 빛이 쏟아졌다. 한동안 미국 시애틀 태생의 '커피 제국'은 고물가, 정치적 이슈와 관련된 불매운동, 치열해진 경쟁, 고객 경험 문제 등으로 인한 실적 악화의 답을 찾지 못했다.

2024년 8월 13일 스타벅스 이사회는 패스트푸드 체인 치폴레멕시칸그릴Chipotle Mexican Grill CEO 브라이언 니콜Brian Niccol을 CEO로 영입하는 초강수를 두었다. 이 소식에 스타벅스 주가는 20퍼센트 급등하고, 치폴레멕시칸그릴의 주가는 9퍼센트 급락했다. 유능한 기업 경영자를 얻은 기업과 빼앗긴 기업에 대한 시장의 냉정한 평가이자, 새로운 구원투수에 대한 기대라 할 수 있다.

전 치폴레멕시칸그릴의 CEO가 얼마나 유능하기에 시장이 이렇게 반응하는 걸까? 1993년 7월 스티브 엘스Steve Els가 캘리포니아 뉴포트비치에서 창업한 치폴레멕시칸그릴은 두말할 필요 없이, 미국을 대표하는 외식 업체다. 텍사스식 멕시칸 메뉴를 파는 치폴레멕시칸그릴은 가성비 높은 '건강한 패스트 푸드'라는 사업 전략으로 성장을 지속해 왔다.

맥도널드 햄버거가 1년이 지나도 썩지 않았다는 이슈가 제기되는 등 싸구려 재료를 쓴다는 의혹을 받는 반면, 치폴레멕시칸그릴은 냉동 재료를 일절 거부하고 당일 조달하는 신선 재료를 사용하는 전략으로 소비자들의 신뢰를 얻었다. 게다가 손님이 샐러드, 고기류, 콩류, 치즈 등을 고르면 부리토에 싸주거나 샐러드 그릇에 담아주는 방식으로 다양한 취향을 존중했다. 미국 전역에 있는 3,300개 매장을 수평적으로 운영하여 기업문화도 잘 갖춘 것으로 평가받는다. 또 다른 외식업체 중 비건 푸드를 주력으로 한 비욘드미트Beyond Meat가 같은 기간에 시장의 한계를 극복하지 못하고 있는 상태와 비교해도 대단한 성공이었다.

브라이언 니콜은 스티브 엘스가 후계자로 낙점한 인물이었다. 제왕적 오너가 되길 거부한 창업자는 2018년 치폴레멕시칸그릴의 발전을 위해 전 타코벨 CEO였던 브라이언 니콜을 영입하며 자신은 이사회 의장으로 물러났다. 유능한 CEO에게 기업을 물려준 창업자의 기대대로, 치폴레멕시칸그릴은 그가 재임한 동안 비약적으로 발전했다.

스타벅스 창업자인 하워드 슐츠Howard Schultz는 "브라이언의 리더십에 오랫동안 감탄해 왔다. 그가 전환점에 있는 스타벅스에 필요한 리더라고 믿는다"[17]라며 브라이언 니콜의 영입에 기쁨을 감추지 못했다.

경영진의 중요성은 기업 전체의 성장을 좌지우지하는 6가지 요소 중 하나로 꼽힌다. 미국 투자 전문기업인 문로파트너스는 훌륭한 성장주 기업의 특성과 관련해 "주주들의 이익과 매우 부합하는 경영진이 갖춰져야 한다. 구글 트렌드와 리뷰 같은 자료로 입증될 정도로 해당 기업들은 그들의 제품에 대해 놀라운 고객 인식을 가지고 있다"[18]라고 지적했다.

유능한 기업 CEO는 결국 바둑에 빗대자면 전체 판세를 읽으면서 절묘한 '한 수'를 둘 수 있는 전략가를 가리킨다. 경쟁자보다 뛰어난 제품을 만들고, 기업을 장기적으로 이끌어갈 비전을 제시하고, 고객과 주주들을 만족시킬 수 있어야 함을 뜻한다.

엔비디아의 진정한 해자는 CUDA

창업주 겸 CEO로서 누구보다도 엔비디아라는 기업과 한 몸이라는 시장 평가를 받는 젠슨 황은 지난 30년 동안 어떤 전략을 가지고 엔비디아를 이끌어왔을까?

기업의 시장 전략을 근본적 측면과 실행 측면으로 구분해 볼 수 있는데, 젠슨 황은 엔비디아의 진정한 해자垓子라 할 수 있는 AI 서비스·솔루션 플랫폼인 CUDA 구축 사례에서 볼 수 있듯, 기존 시장에 없는 새로운 시장을 창출해 내는 방향으로 근본 전략을 세운다. 시작 단계에서 가장 어렵지만, 한 번 구축하면 경쟁자들이 침입해 오기 어려운 해자를 구축하는 셈이 된다.

이와 함께 젠슨 황의 실행 전략을 대변하는 말이 미국 인터넷 매체 《인코퍼레이트Inc.》 2024년 2월 23일 자에 소개된 적이 있다.

> "성공은 일이 발전하는 과정이다. 목표를 달성하는 것이라기보다는, 지속적으로 향상하고 영역을 확장하는 것이다."
> "Success is a work in progress. It's not about achieving a goal; it's about constantly improving and pushing boundaries."[19]

여기서 영역을 확장한다는 'pushing boundaries'는 여러 가지로 읽힐 수 있는 표현이다. 비스니스 전략 측면으로 구체화하면 '지속적 사업 영역 및 시장 점유율 확대'로도 해석할 수 있다. 그것이 젠슨 황이 지난 30년 간 일관적으로 꾸준히 해온 방식이기 때문이다. AI칩 시장을 80퍼센트 이상 점유하고 있는 엔비디아 CEO 엔슨 황이 2024년 3월 연례 개발자 콘퍼런스 GTC 2024에서 차세대 반도체 'B(블랙웰)100'을 공개한 전략에서 그런 의도가 분명히 드러난다.

당시 B100은 기존 AI칩인 H(호퍼)100보다 월등한 성능으로 시장에서 센세이션하다는 평가를 받았다. 성능이 30배 이상 향상됐으며 전력 소모도 4분의 1 수준으로 줄었다는 신제품 스펙이 공개되면서 품질을 확인한 시장에서는 그 예상 가격에 큰 관심을 보였다. H100이 개당 2만 5,000~4만 달러에 거래된다는 점을 감안해 B100은 최대

5만 달러에 이를 것이라는 관측도 나왔으나 젠슨 황은 B100 가격을 개당 3~4만 달러 사이로 책정했다.

이 가격 전략은 시장에 만족감과 함께 엔비디아의 이미지 상승을 이끌어냈다. 시장은 평소 고품질과 높은 가격을 추구하는 엔비디아의 최첨단 제품이니만큼 가격도 높을 것으로 예상됐는데, 젠슨 황이 시장과 잠재 구매자들을 향해 '착한 가격'으로 선수 친 것이다. 경쟁자인 AMD가 최신 AI칩인 'MI300' 가격을 약 2만 5,000달러 수준으로 책정할 가능성이 큰 것을 감안하면, 시장에서 월등히 수요가 높은 엔비디아의 칩 가격이 생각보다 비싸지 않다는 인식을 심어주기에 충분한 제안이었다.

이에 대해 월가는 예상보다 저렴한 블랙웰 칩이 마진 대신 점유율 유지 전략을 택했다는 분석을 내놓았다. 뱅크오브아메리카[BofA] 애널리스트인 비벡 아리아[Vivek Arya]는 엔비디아가 신형 B100의 가격을 기존 H100에 비해 크게 올리지 않음으로써 70퍼센트 중반인 매출총이익률을 유지할 수 있을 것이라는 긍정론에 힘을 실었다. 그는 엔비디아가 다양한 반도체, 스위치, 네트워킹 등 전체 시스템 자체를 판매할 것으로 보이기 때문이라는 이유에 더해 모든 유형의 고객에게 블랙웰이 상대적으로 합리적인 가격에 제공되기 때문에 엔비디아 역사상 가장 빠른 속도로 회사의 신형 AI칩이 팔릴 것이라고 예상했다.

이후 AI칩 블랙웰이 설계 결함 문제로 늦어질 거라는 소식이 2024년 8월 전해졌지만, 월가의 시장 전문가들은 단기적 노이즈일 뿐 주가에 전혀 영향 없다고 선을 그으며 엔비디아의 제품력에 대한 신뢰를 다시 한번 보여주었다. 당시 블랙웰 가격을 지나치게 높게 설정해 시장에 부정적 이미지를 남겼다면, 이런 문제가 터졌을 때 큰 악재로 작용했을 가능성이 있다.

고집스러우면서도 밀당도 할 수 있는 젠슨 황의 향후 전략은 자명하다. 70퍼센트 중반인 매출총이익률과 80퍼센트의 시장점유율은 점차 낮아질 수밖에 없겠지만, 이를 최대한 오래도록 유지하는 것이다.

"이래도 우리 제품 안 쓰고 배겨?" 이렇게 혼잣말을 할 수 있을 때, 젠슨 황은 또 다른 AI칩을 들고 무대에 설 것이다.

성공은 일이 발전하는 과정이다.
목표를 달성하는 것이라기보다는,
지속적으로 향상하고
영역을 확장하는 것이다.

자신만의 전문성에 집중하다

코딩은 죽었다

코딩은 바짝 다가선 4차 산업혁명 시대의 총아였다. 2016년 AI '알파고'가 인간계 최고의 바둑기사 이세돌에게 3연승을 거두었을 때 모두들 충격에 빠졌다. 경우의 수가 많은 바둑만큼은 AI가 감히 넘보지 못하리란 예상이 깨졌기 때문이다.

그 후로 코딩 열풍이 거세졌고, 2018년부터 우리나라에서도 중학생을 시작으로 소프트웨어 코딩 과목이 정규 교과목으로 편입됐다. 2014년 영국과 미국 등 선진국은 초·중·고 학생들의 정규 과목에 코딩과 소프트웨어를 채택한 것에 비하면 늦었다는 평가였다. 1992년부터 공교육 과정에서 코딩을 가르치기 시작한 에스토니아의 사례가 다큐멘터리로 방영되기도 했다. 부모들은 조급한 마음에 학원을 찾았고, 학원가는 코딩 학원으로 들썩였다.

코딩을 알아야 다가올 AI 시대에 대비할 수 있다는 다수 전문가들의 말을 의심하는 사람은 없었다. "신은 죽었다"라고 외친 철학자 니체처럼, "코딩은 죽었다"라는 선언으로 이 시대의 '상식'을 뒤집은 사람이 바로 엔비디아 CEO 젠슨 황이었다.

젠슨 황의 선언은 가히 충격적이었다. 그것이 코딩 교육을 정조준한 직격탄이었기 때문이다. 그의 말은 전문가들의 영역에서 벌어진 논쟁의 차원을 넘어, 전 세계에서 코딩을 배우는 아이와 청소년은 물론 그 부모들의 귀까지 쫑긋하게 만드는 파급력을 불러일으켰다. 아이의 코딩 조기교육을 위해 돈과 시간을 써가며 투자한 전 세계 부모들에게는 날벼락 같은 이야기였고, 전 세계 교육계에서도 당혹감을 감추지 못했다.

젠슨 황이 파격 선언을 한 무대는 2024년 2월 12일 두바이에서 열린 세계정부서밋World Government Summit이었다. 그는 다음과 같은 말로 포문을 열었다.

> "코딩을 배울 시간이 있으면, 차라리 그 시간을 농업, 생물학, 제조업과 교육 같은 산업의 전문지식을 얻는 데 투자하라."
> "The time otherwise spent learning to code should instead be invested in expertise in industries such as farming, biology, manufacturing and education."[20]

코딩을 배우는 것이 시간 낭비이고, 어리석은 짓이라니. 엔비디아 CEO는 AI 기술의 급격한 발전으로 우리의 환경이 변했다는 점을 근거로 들었다. "과거 10년, 15년 전에 이런 무대에 선 사람들은 모두 아이들이 컴퓨터 과학을 배우는 것이 중요하다고 말했지만, 지금은 거의 정반대다"[21]라고 말을 이어갔다.

AI 기술과 관련한 환경의 급변에 대한 젠슨 황의 생각은 AI 기술이 누구나 프로그래밍을 할 수 있는 환경을 조성했다는 점이다. "오늘날 많은 사람들이 인공 지능에 대해 이야기하는 이유는 회사 내 모든 사람이 기술자가 될 수 있음을 처음으로 상상할 수 있기 때문이고 기술 격차는 완전히 해소됐다"[22]라는 말은 이미 모든 사람이 프로그래머나 마찬가지인데 걱정할 게 뭐냐는 식이다.

여기서 한 가지 짚고 넘어갈 부분이 있다. 이 세상 모두가 코딩을 배울 필요가 없다는 말이 아니다. 코딩을 포함해 AI 프로그래밍은 전문 엔지니어가 될 사람들에게 맡기고, 나머지 사람들은 자신의 전문 영역에 힘을 쏟으라는 뜻이다.

코딩이 죽은 세상의 미래

그렇다면 '코딩이 죽은 세상의 미래'는 자명해진다. 우선 코딩 기술을 개발할 필요 없이 다양한 정보를 종합하는 업무를 하는 근로자들의 가치가 높아질 것이다. 미래의 과학자, 제조업 종사자, 농부는 자신들의 작업을 자동화하고, 생산성을 높이며, 효율성을 증진시키는 컴퓨터를 활용할 수 있게 될 것이다.

젠슨 황은 노련하게 이 문제의 방향을 자신에게 돌렸다. 그렇다면 코딩은 죽었다는 가정하에, 시간을 되돌릴 수 있다면 그는 어떻게 할까? 그는 "만약 내가 다시 전공을 선택한다면 생명과학과 생명공학을 할 것이다"[23]라고 밝혔다. AI라는 도구를 개발하는 모든 활동과 최첨단 기술의 궁극적인 지점은 결국 인간의 생명을 향할 수밖에 없다는 젠슨 황 나름의 비전이 담겨 있다.

AI가 충분히 발전했으며 청소년들이 컴퓨터 과학과 코딩 교육에 집중할 필요가 없다는 젠슨 황의 주장에 동의하지 않는 전문가들도 많다. 그들은 AI가 코딩을 끝내지 않을 것이며 AI는 오히려 더 많은 사람들이 코딩에 참여하도록 돕는다는 입장을 굽히지 않고 있다.

또한 "코딩을 배우지 마라"라는 메시지가 관련 산업을 엔비디아에 종속시키려는 의도가 아니냐는 의혹도 제기됐다. 젠슨 황의 주장은 그 자리에서 호의적으로만 받아들여지지 않았던 것도 사실이다.

그러나 알고 보면 젠슨 황의 메시지가 완전히 새롭지도 않다. 젠슨 황의 발표 한 달 전 열린 미국 라스베이거스에서 열린 국제전자제품 박람회 'CES 2024'에서도 AI 활용이 늘어날수록, AI 활용 방식을 결정하는 사람의 역할이 더 중요해질 것이라는 논쟁이 행사장을 뜨겁게 달구지 않았던가.

결국 AI 대부의 선언을 단 두 문장으로 정리하면 이렇다. "그러니 코딩을 배우지 마라. 그게 무엇이든, 유용한 것(분야)에 뛰어난 사람이 되기 위해 배워라. AI는 항상 그 자리에서 너를 도울 것이다."

코딩을 배울 시간이 있으면,
차라리 그 시간을 농업, 생물학,
제조업과 교육 같은 산업의
전문지식을 얻는 데 투자하라.

로봇과 함께할
인류의 미래

의심할 수 없는 미래

상상력으로 독자를 사로잡아야 하는 만화에서도 로봇은 더 진화된 형태로 등장한다. 예를 들어 데즈카 오사무의 1950년대 만화 『철완 아톰』은 아톰이 실험실에서 눈을 번쩍 뜨고 상체를 세워 일어나는 장면으로 시작한다. 하지만 『철완 아톰』을 2003년 재해석한 우라사와 나오키의 『플루토』는 원작으로부터 낯설게 하기를 시도한다.

이런 전개를 통해서다. 즉, 남편이 살해당한다. 수사관이 아내를 찾아가 그 사실을 전한다. 담담한 척하는 아내에게도 짙은 수심이 느껴진다. 수사관은 "기억을, 데이터 일부를 소거하시겠습니까?"라고 묻는다. 앞치마를 입은 아내의 얼굴은 로봇이지만 상심을 감추지 못한다. "그 사람과의 추억을 지우지 말아주세요……."[24]

미래 세계에서 로봇이 인간과 똑같은 감정을 가진다는 설정이다. 그런데 여기서 반전은 로봇 부인에게 찾아온 인간이 알고 보니 로봇이라는 점이다. 수사관 로봇은 모든 면에서 인간과 100퍼센트 같은 타입이다.

"미래에 움직이는 모든 것은 로봇이 될 것이다."
"In the future, everything that moves will be autonomous."[25]

엔비디아 CEO 젠슨 황의 말 중에서 가장 평범하게 들릴 수도 있다. 우리도 수백 년 후의 모습을 그린 SF 작품을 많이 봤기 때문이다. 멀리 갈 것도 없다. 아널드 슈워제네거 주연의 〈터미네이터〉 시리즈만 몇 개를 보았는지 모르니까.

어찌 되었든 젠슨 황이 여러 대의 로봇을 끌고 나와 무대 위를 돌아다니게 하며 이 말을 한 무대는 대만 컴퓨텍스 2024였다. 그런데 위의 말을 다른 사람이 100퍼센트 똑같이 반복한다면 어떨까? 아무리 같은 말이라도 젠슨 황이 하는 말과는 맥락이 다를 수밖에 없다.

그렇다면 젠슨 황의 맥락은 무엇일까? 젠슨 황은 성격적으로 실용적인 사고방식을 갖고 있으며, 추측을 싫어하고, 공상과학 소설은 읽어본 적도 없는 사람이다. 일반적으로 누구나 로봇을 이야기할 때 SF적 요소를 살짝이라도 더하기 마련인데, 젠슨 황에게는 그런 개념이 없다. 즉, 철학자 칸트의 개념을 빌어 설명하자면 젠슨 황에게 "미래에, 움직이는 모든 것은 로봇이 될 것이다"라는 선언은 '정언명령'

비슷한 무엇이다. 그의 눈에는 로봇의 미래가 조금도 의심할 수 없는 실제로 비춰지고 있다고 보아야 한다.

또 한 가지는 젠슨 황이 누구보다 로봇을 좋아한다는 점이다. 그는 로봇을 생활필수품과 애완동물을 합친 어떤 것쯤으로 보는 듯하다. 그의 머릿속에 로봇이 인간을 배반하고 해를 끼칠 거라는 우려는 조금도 없다. 이 두 가지 요소를 이해해야 그의 말을 왜곡할 소지가 적어진다.

젠슨 황이 생각하는 AI를 좀더 자세히 들여다보자. 그는 "AI의 다음 물결은 물리법칙을 이해하는 AI, 우리 사이에서 작동할 수 있는 AI다. 모든 공장이 로봇화될 것이고, 공장은 로봇을 조율하고, 그 로봇들이 다시 로봇형 제품을 만들게 될 것이다"[26] 라고 예측했다.

그에 따르면, AI를 도입한 실용 기술로 가장 유망한 분야는 자율주행과 휴머노이드다. 이에 따라 자율주행용 운영 체제를 잘 구축해 메르세데스-벤츠와 자동차 생산을 시작하는 한편, 로봇 중에서도 휴머노이드 타이프가 개발과 연구의 주된 방향이 될 것임을 알렸다.

그 이유에 대해 젠슨 황은 "세계에 적응하기 가장 쉬운 로봇은 휴머노이드 로봇이다. 우리는 우리를 위한 세상의 환경을 만들었고, 휴머노이드는 우리와 같은 체격을 갖고 있기 때문에 훈련할 데이터가 가장 많다"[27] 라고 밝혔다.

모든 것은 데이터 처리 과정일 뿐

엔비디아는 로봇 분야에서도 가장 앞선 경쟁력을 지닌 회사다. 로봇을 고도화시킬 첨단 AI칩을 마음껏 쓸 수 있기 때문이다. 로봇이 가상환경을 학습할 수 있는 플랫폼 '프로젝트 그루트'를 내놓은 것도 그러한 방향의 일환이다. '그루트GROOT'란 범용 로봇 기술Generalist Robot 00 Technology의 줄임말로 인간과 같이 다양한 작업을 해낼 수 있는 로봇 기술이라는 뜻이다.

로봇의 작업 훈련과 시뮬레이션 워크플로를 대폭 간소화하는 서비스로 다단계 로봇 작업 실행에 필요한 '오스모OSMO 서비스'도 개발되고 있다. 로봇을 개발·배포하는 데 종전에 수개월씩 걸리던 것을 일주일 이하로 단축할 수 있는 서비스다. 엔비디아 CEO가 로봇에 대해 확신을 갖고 사업을 추진하는 이유는 이것이 "미래가 아니라 현재 일어나고 있는 일"[28]이기 때문이다.

이미 미국 캘리포니아 샌타클래라에 위치한 엔비디아 본사 공간은 AI와 로봇이 철저히 관리하고 있다. 엔비디아 건물 내부는 먼지 하나 없이 깨끗하다. 건물 내 비디오카메라와 AI들이 일과시간에 직원들의 움직임을 추적하기 때문이다. 만약 직원들이 콘퍼런스홀 테이블에서 식사를 한다면, AI는 한 시간 내로 그 자리를 치우도록 청소원을 보낸다.

기술 발전으로 인한 미래의 위협에 대해 전혀 걱정하지 않는다는 젠슨 황은 그 이유를 이렇게 밝혔다. "기술이 해내고 있는 모든 것은 데이터를 처리하는 과정일 뿐이다. 다른 걱정거리가 훨씬 더 많다."[29]

혹시 AI 반대론자들이 개설한 법정에 끌려 나간다면, 젠슨 황은 이렇게 중얼거릴 것만 같다. "젠장, 모든 로봇은 그냥 가구이고 가전 제품일 뿐이라고."

AI 익스프레스에 올라타라

장투가 이긴다는 것을 입증한 스티브 발머

NBA 서부 콘퍼런스 소속팀 LA클리퍼스 경기가 있는 날이면 중계 카메라가 어김없이 비추는 사람이 있다. 선수단석 뒤에서 환호하고 있는 중년 남자다. 그는 LA클리퍼스가 골을 넣으면 옆 사람과 껴안고 들썩이기도 하고, 역전을 당하면 손으로 얼굴을 감싸 쥔다. 어떤 때는 농구 경기보다 그의 행동이 더 재미있을 때도 있다. 이 팀에 대한 열정을 온갖 얼굴 표정에 담아 표현하는 이 남자가 바로 LA클리퍼스 구단주 스티브 발머Steve Ballmer다.

이 남자는 우리가 알고 있는 전 마이크로소프트 CEO였던 바로 그 사람이다. 현재는 마이크로소프트 창업자 빌 게이츠보다 돈이 더 많을 뿐 아니라, 마이크로소프트 주식만 따지면 게이츠보다 서너

배 많다. 전 세계 부자 순위가 발표되면 다섯 번째 정도의 자리를 차지할 것이다. 평직원 출신이 창업자보다 부자가 된 아주 드문 케이스다. 어떻게 이런 일이 생길 수 있을까?

스티브 발머는 1980년 스탠퍼드대학 MBA 과정 중 하버드대학 동문이던 빌 게이츠의 제안을 받고 마이크로소프트의 서른 번째 직원으로 입사했다. 1980년 당시 창업 6년 차였던 마이크로소프트는 엔지니어들만 모아놓은 회사여서 비즈니스를 제대로 할 사람이 필요했다. 그때 게이츠의 머릿속에 떠오른 사람이 발머였다.

CEO 보좌관으로 마이크로소프트에 입사한 그는 '비즈니스 매니저'라는 직함의 명함을 가지고 다녔다. 그런데 스카우트 대가가 지금 개념으로는 상상할 수 없이 발머에게 유리했다. 빌 게이츠가 경영이나 보상 체계에 어두웠던 탓이다. 즉, 기본급 5만 달러에 자신이 창출한 이익 증가분의 10퍼센트를 더하는 조건이었다. 마이크로소프트는 급성장을 거듭했고, 발머의 지분이 생각지도 못하게 과도하게 늘어났다.

한 가지 재미있는 것은 애플 창업자 스티브 잡스도 창업 초기의 빌 게이츠만큼이나 '어리바리'했다는 점이다. 1976년 창업 이전에 아타리 소속 기술자이던 스티브 잡스는 애플 창업을 결심한 후 아타리 창업자 놀런 부시넬Nolan Bushnell을 찾아가 대뜸 회사(애플) 지분 3분의 1을 5만 달러에 팔겠다고 제안했다. 그는 기술만 알지, 회사 가치를 전혀 몰랐다.

놀런 부시넬은 잡스가 흥분했다고 판단하고 거절했다. 그러자 잡스는 그에게 어떻게 돈을 구하는지 물었다. 아타리 CEO는 돈 밸런타인에게 말해보라고 알려주었다. 잡스를 세쿼이어캐피털에 연결해준 사람은 바로 아타리 CEO였던 것이다. 결국 잡스는 돈 밸런타인의 펀딩을 받아 애플을 창업했다.[30]

다시 발머로 넘어가보자. 2000년부터 14년간 마이크로소프트 CEO를 역임한 발머는 2014년 LA클리퍼스를 인수하면서도 마이크로소프트 주식을 상당수 지켜냈다. 발머의 마이크로소프트 주식 사랑은 실로 대단해서, 그는 "마이크로소프트 주식을 죽을 때까지 간직하겠다"[31]라고 선언했다.

발머는 40년 이상 마이크로소프트 주식에 장투한 셈이다. 창업자 게이츠보다 부자가 된 비결은 좋은 주식의 가치를 알아보고 지속적으로 지키는 안목이었다. 마이크로소프트의 사업 모델을 보고 이 기업이 훨씬 더 장기간 성장할 수 있다는 확신을 가진 발머는 최고의 주식 투자자임을 스스로 입증했다. 실제로 마이크로소프트는 인터넷 시대의 리더가 되었고, 모바일 시대에도 그 자리를 굳건히 지켰으며, AI 시대에도 하드웨어, 소프트웨어 양쪽의 경쟁력을 갖추며 건재하고 있다.

AI 익스프레스 '엔비디아'에 탑승하기

그렇다면 엔비디아는 마이크로소프트처럼 격변하는 기술 혁명의 파고 속에서 장기간 살아남을 수 있는 기업일까? 이 책을 읽고 있는 독자의 상당수는 엔비디아 주식이 마이크로소프트만 한 가치가 있는지 궁금할 것이다.

이에 대한 힌트는 2024년 6월에 열린 데이터브릭스 데이터+AI 서밋 2024에서 한 엔비디아 CEO 젠슨 황의 선언에서 찾을 수 있다.

> "무엇을 하든 일단 시작하라. 우리는 놀라운 속도로 달리는 이 열차에 탑승해야 한다."
> "Whatever you do, just start—you have to engage in this incredibly fast-moving train."[32]

젠슨 황은 AI를 특급열차에 빗댔다. 갑자기 나타나 놀라운 속도로 질주하는 이 열차를 우리는 놀란 눈으로 바라볼 수밖에 없다. 하지만 젠슨 황은 눈 깜빡거리며 멍하니 쳐다볼 시간도 없다고 재촉한 것이다. 가속화하는 데이터 프로세싱은 엄청난 기회이며 가속화된 컴퓨팅과 생성형 AI를 업무에 적용해야 하기 때문이다. 그는 "기억하라, 생성형 AI는 기하급수적으로 성장한다는 것을. 기하급수적 트렌드를 기다리며 관찰만 하다가는, 몇 년 내에 완전히 뒤처질 것이다"[33]라고 단언했다.

젠슨 황은 다른 자리에서도 AI의 무시무시한 발전 속도와 동참해야 하는 이유를 강조했다. 2024년 5월 8일에 열린 서비스나우 주최 '지식 24 콘퍼런스Knowledge 24 Conference'에서도 의미심장한 발언이 쏟아졌다. AI의 능력이 급격히 진보함에 따라 "가장 먼저 해야 할 일은 AI라는 열차를 바라보는 대신, 당신의 쪽에서 열차에 탑승하는 것이다. 열차에 올라타면, 그 속도에 적응하게 되기 때문이다"[34]라는 설명을 덧붙였다.

의심하는 태도도 젠슨 황에게는 AI의 미래에 주저하며 동참하지 못하는 것과 다를 바 없다. 2024년 7월 빅테크인 테슬라와 구글의 실적 발표 직후 'AI 거품론'이 확산하면서 주가가 폭락했다. AI 관련 투자 대비 수익이 없다면서 AI 거품론을 지지하는 목소리가 곳곳에서 터져 나왔다.

노벨경제학상 수상자인 폴 로머Paul Romer 뉴욕대학 교수는 "AI 미래 궤적에 대해 확신이 지나치다. 몇 년 전 가상화폐가 모든 것을 바꿀 것이라는 기대가 있었지만 거품이 붕괴된 것처럼, AI에 대한 과도한 확신으로 같은 실수를 반복할 우려가 있다"라고 주장했다. "사람들은 2년 후 현 상황을 되돌아보며 정말 거품이었다고 말할 것이다."[35]

영국 《가디언The Guardian》의 칼럼니스트 존 노턴John Norton도 AI 비관론에 가세했다. 그는 "AI 관련 하드웨어를 만드는 기업을 제외하면 아직 AI로 돈을 버는 기업이 없어 투자자들이 생성형 AI가 돈을 쓰는 데는 탁월하지만 투자 수익 창출이 어렵다는 사실을 깨닫고 거품이 터지기 전 이탈할 것이다"[36]라고 전망했다.

젠슨 황의 'AI 익스프레스론'은 시대 트렌드나 기술 속도만 가리키는 것이 아니다. AI의 비약적 발전은 역행할 수 없는 대세이고, 의심할 바 없는 진리이며, 궁극적으로 이 산업에 진입한 모든 기업의 가치이므로, 주가로 수렴할 수밖에 없다. 엔비디아가 AI의 기술적 혁신을 주도하지 못하면 엔비디아 주가는 박살나며, 재산을 투자한 주주들은 망할 운명이다.

"무엇을 하든 일단 시작하라. 우리는 놀라운 속도로 달리는 이 열차에 탑승해야 한다"를 압축하면 이런 말이 된다. 'AI의 미래를 의심하지 말라.'

젠슨 황의 엔비디아는 미래를 향해 가장 먼저 달려가는 AI 익스프레스인 동시에, 그곳으로 향하는 궤도도 깔고 역사도 건설해 나간다. 이 어마어마한 속도 때문에 주가가 단기적인 속성을 띨 수도 있지만, AI의 세계로 향하는 궤도와 인프라를 구축하려면 적지 않은 시간과 투자가 들어간다. 이는 주가의 장기적인 측면이라 할 수 있다. 젠슨 황의 비전과 AI의 미래를 믿지 않는 투자자는 엔비디아라는 AI 익스프레스에서 하차하면 된다.

무엇을 하든 일단 시작하라.
우리는 놀라운 속도로 달리는
이 열차에 탑승해야 한다.

엔비디아는 하루아침에 이뤄지지 않았다

"로마는 하루아침에 이뤄지지 않았다."

영국 작가 존 헤이우드가 프랑스 속담집에서 차용했고, 영국 엘리자베스 여왕이 1563년 케임브리지대학 연설에서 사용한 이 문구는 대기만성의 힘을 강조하는 유명한 서양 격언이다.

이 책을 쓰면서 끊임없이 떠오른 감정은 '로마' 자리에 '엔비디아'를 넣어 문장을 완성해 보고 싶다는 유혹이었다. "엔비디아는 하루아침에 이뤄지지 않았다."

이 책의 독자들에게 딱 하나의 메시지만 전해야 한다면, 이 문장이 될 것이다. 엔비디아와 최첨단 GPU가 AI의 삽과 곡괭이에 비유되며 이 시대를 떠들썩하게 만든 건 기껏해야 몇 년 되지 않았다. 정확히 말하자면, 오픈AI가 챗GPT를 소개한 2021년 11월 이후의 일이다. 물론 게임 마니아들에게는 게임 그래픽카드 '지포스'의 존재로 인해 '엔비디아'가 낯선 이름이 아니었지만 말이다.

2016년, 《포브스Forbes》는 "젠슨 황이 없었다면, 좀비들은 사람들을 덜 놀라게 했을 것이고 피 뿌리는 장면은 덜 현실적이었을 것이며 외계인들의 세계는 덜 구체적이었을 것이다"[1]라고 했다.

2016년 당시에도 엔비디아는 세계 최고의 그래픽카드를 만들어내는 기업으로 인정받고 있었다. 하지만 젠슨 황은 그때도 그래픽카드로 돈을 벌어 묵묵히 딥러닝과 AI를 준비하며 이 분야에 돈을 쏟아부었다.

젠슨 황이 일론 머스크와 오픈AI에 최초의 AI 슈퍼컴퓨터를 전달했던 때가 2016년 8월이었다. 샘 올트먼의 오픈AI가 챗GPT를 세상에 내놓을 수 있도록 뒤에서 GPU를 공급하며 물심양면으로 지원한 이가 바로 젠슨 황이었다. 그랬기에 챗GPT의 등장과 함께 4차 산업혁명의 초기라는 AI 시대가 우리 현실로 성큼 다가왔을 때, 오랫동안 큰 그림을 그린 엔비디아가 AI 산업의 최대 수혜자의 위치에 자리한 것이다. 그래서 《포브스》의 문장도 이렇게 바꿀 수 있다. "젠슨 황이 없었다면, AI는 이 시대를 덜 바꿔놓았을 것이다."

엔비디아는 하루아침에 갑자기 성공한 '깜짝 스타'가 아니라는 점을 분명히 하고 싶다. 엔비디아가 창업한 해는 1993년이고, 아마존은 그보다 한 해 늦은 1994년에 문을 열었다. '메타'로 이름을 바꾼 페이스북은 2004년에 창업했다. 아마존과 메타가 비교적 일찍 성공해 세상에 이름을 알린 것과는 달리, 엔비디아는 창업 초기에 여러 번의 폐업 위기를 넘기고 나서야 겨우 1999년 나스닥에 상장됐다. 누군가는 기업 위기가 습관이냐고 비아냥거렸을 정도로, 엔비디아는 그 후로도 지속적으로 생존 위협을 받았지만 좀비처럼 버티고 또 버텼다.

시총 3조 달러 기업이 된 엔비디아를 보는 시각은 지금도 여러 가지가 존재한다. "플로팅 포인트 연산을 잘하는 기업은 맞는데, 운이 좋아서 로또를 몇 번씩 맞았다. 그리고 그 운이 계속될 수는 없다"[2] 라고 냉정하게 평가하는 시각도, "1999년 나스닥에 상장한 이후 배당 재투자를 감안한 수익률이 59만 1,078퍼센트에 달한다"[3]라는 평가에 환상을 더해 '비즈니스 신화'로 환호하는 시각도 모두 존중할 만하다. 그러나 이 책의 독자라면 적어도 엔비디아를 '운으로 성공한 기업'이나 '이 시대 최고로 돈을 잘 버는 집단'으로만 보지 않기를 바란다.

엔비디아라는 기업은 "매일 아침, 회사가 망할까 하는 걱정과 불안으로 눈을 뜬다"라는 창업자 젠슨 황과 30년 이상 동고동락하며 마침내 AI 시대라는 토대에 큰 뿌리를 내렸다. 비바람에 크게 흔들리던 묘목이 뒤늦게 쑥쑥 자라 거목으로 큰 것이다. 'PC 플랫폼 기업' 마이크로소프트, '모바일 플랫폼 기업' 애플의 뒤를 잇는 'AI 플랫폼 기업' 엔비디아의 탄생이다.

주식에 대한 관심으로 엔비디아를 지켜보는 독자에게도 전하고 싶은 메시지가 있다. 엔비디아가 시총 3조 달러에 도달했다는 것은 마이크로소프트, 애플과 같은 규모의 시장 장악력을 가진 기업이 되었음을 의미한다. 1999년 나스닥 상장 후 약 60만 퍼센트의 수익률을 안겨준 '황금알 낳는 거위'는 더 이상 없다는 말이다. 우리가 마이크로소프트나 애플 주식을 살 때, 한 해 50퍼센트 이상의 수익을 생각하지는 않는다. 다만 한 해 15~20퍼센트의 수익을 안정적으로 얻을 수 있는 기업으로 기대한다. 몇 년 후 엔비디아도 그런 기업이 되지 않을까?

젠슨 황이 이끄는 동안, AI 시대에 오랫동안 같이 갈 수 있는 기업이 엔비디아라고 생각한다. 그리고 그런 관점으로 투자 계획을 짜나간다면 좋은 결실을 맺을 수 있으리라 본다.

마지막으로 엔비디아의 위대함을 짚어보고자 한다. 직원 3만 명이 넘는 빅테크가 되었지만, 젠슨 황의 경영철학인 '지적 정직성'과 '투명성' '속도'를 모토로 여전히 스타트업처럼 조직이 움직이는 특이한 기업 엔비디아. 그는 거대 조직이 썩지 않고 살아 움직이도록 만들기 위해 일말의 타협 없이 엔비디아라는 기업에 자신의 인생을 바치고 있다. 말보다 행동으로 말이다. 위대한 경영자의 자질이다.

이것이 내가 엔비디아를 보는 관점이고, 독설가인 짐 크레이머를 비롯한 월가 분석가들이 젠슨 황에게 존경의 마음을 표시하는 이유일 것이다.

2024년 10월
장상용

시작하는 글

1 Amanda Gerut, "Larry Ellison and Elon Musk 'begged' Nvidia's Jensen Huang for more GPUs over a fancy sushi dinner", 《Fortune》, 2024.09.17.

2 David Randall, "Wall Street Week Ahead—'Super Bowl' Nvidia earnings stand to test searing AI trade", 《Reuters》, 2024.08.25.

3 Rob Enderle, "Could Nvidia's CEO Be the Next Steve Jobs?", 《Tech News World》, 2011.03.14.

4 Marco Quiroz-Gutierrez, "Nvidia employees often work seven days a week and until 2 a.m. but golden handcuffs keep them tied to the company", 《Fortune》, 2024.08.26.

5 Amanda Gerut, "Larry Ellison and Elon Musk 'begged' Nvidia's Jensen Huang for more GPUs over a fancy sushi dinne", 《Fortune》, 2024.09.17.

1장 스타트업 정신_"우리는 망하기 30일 전이다"

1 Tom Huddleston Jr, "Nvidia CEO: Smart, successful people struggle with these 2 traits—but they kept my $2 trillion company from collapsing", CNBC, 2024.05.30.

2 "Nvidia: An Overnight Success Story 30 Years in the Making", 〈Crucible Moments〉 from Sequoia.

3 "Nvidia: An Overnight Success Story 30 Years in the Making", 〈Crucible Moments〉 from Sequoia.

4 Tom Huddleston Jr, "Nvidia CEO: Smart, successful people struggle with these 2 traits—but they kept my $2 trillion company from collapsing", CNBC, 2024.05.30.

5 Ben Cohen, "The 84-Year-Old Man Who Saved Nvidia", 《*Wall Street Journal*》, 2024.05.18.

6 Ben Cohen, "The 84-Year-Old Man Who Saved Nvidia", 《*Wall Street Journal*》, 2024.05.18.

7 Ben Cohen, "The 84-Year-Old Man Who Saved Nvidia", 《*Wall Street Journal*》, 2024.05.18.

8 Ben Cohen, "The 84-Year-Old Man Who Saved Nvidia", 《*Wall Street Journal*》, 2024.05.18.

9 Lizzy Gurdus, "Nvidia CEO: My mom taught me English a 'random 10 words at a time' before we emigrated from Taiwan", CNBC, 2018.05.06.

10 Lizzy Gurdus, "Nvidia CEO: My mom taught me English a 'random 10 words at a time' before we emigrated from Taiwan", CNBC, 2018.05.06.

11 Lizzy Gurdus, "Nvidia CEO: My mom taught me English a 'random 10 words at a time' before we emigrated from Taiwan", CNBC, 2018.05.06.

12 Lizzy Gurdus, "Nvidia CEO: My mom taught me English a 'random 10 words at a time' before we emigrated from Taiwan", CNBC, 2018.05.06.

13 Stephen Wit, "How Jensen Huang's Nvidia Is Powering the A.I. Revolution", 《*The New Yorker*》, 2023.11.27.

14 Stephen Wit, "How Jensen Huang's Nvidia Is Powering the A.I. Revolution", 《*The New Yorker*》, 2023.11.27.

15 Lydia Moynihan, "How billionaire AI king Jensen Huang went from working at Denny's to nearly eclipsing Elon Musk: 'American dream'", 《*New York Post*》, 2024.02.29.

16 《소년중앙》, 중앙일보, 1980.12.

17 《소년중앙》, 중앙일보, 1980.12.

18 《소년중앙》, 중앙일보, 1980.12.

19 Adam Bryant, "I'm Prepared for Adversity. I Waited Tables", 《*New York Times*》, 2010.06.05.

20 Adam Bryant, "I'm Prepared for Adversity. I Waited Tables", 《*New York Times*》, 2010.06.05.

21 Adam Bryant, "I'm Prepared for Adversity. I Waited Tables", 《New York Times》, 2010.06.05.

22 Lydia Moynihan, "How billionaire AI king Jensen Huang went from working at Denny's to nearly eclipsing Elon Musk: 'American dream'", 《New York Post》, 2024.02.29.

23 Adam Bryant, "I'm Prepared for Adversity. I Waited Tables", 《New York Times》, 2010.06.05.

24 Adam Bryant, "I'm Prepared for Adversity. I Waited Tables", 《New York Times》, 2010.06.05.

25 Stephen Wit, "How Jensen Huang's Nvidia Is Powering the A.I. Revolution", 《The New Yorker》, 2023.11.27.

26 Stephen Wit, "How Jensen Huang's Nvidia Is Powering the A.I. Revolution", 《The New Yorker》, 2023.11.27.

27 Stephen Wit, "How Jensen Huang's Nvidia Is Powering the A.I. Revolution", 《The New Yorker》, 2023.11.27.

28 Cheryl Martin, "'Starship for the Mind': University of Florida Opens Malachowsky Hall, an Epicenter for AI and Data Science", NVIDIA Blog, 2023.11.03.

29 "Nvidia: An Overnight Success Story 30 Years in the Making", 〈Crucible Moments〉 from Sequoia.

30 "Nvidia: An Overnight Success Story 30 Years in the Making", 〈Crucible Moments〉 from Sequoia.

31 "Nvidia: An Overnight Success Story 30 Years in the Making", 〈Crucible Moments〉 from Sequoia.

32 "Nvidia: An Overnight Success Story 30 Years in the Making", 〈Crucible Moments〉 from Sequoia.

33 Stephen Wit, "How Jensen Huang's Nvidia Is Powering the A.I. Revolution", 《The New Yorker》, 2023.11.27.

34 "Nvidia: An Overnight Success Story 30 Years in the Making", 〈Crucible Moments〉 from Sequoia.

35 Chris Morris, "Nvidia was born in the booth of a bullet-ridden Denny's—now it's worth $1 trillion", 《Fortune》, 2023.06.02.

36 Michal Lev-Ram, "Sequoia Capital invested early in Google, Nvidia, and

Apple. Can Roelof Botha keep the legendary venture capital firm ahead in the AI future?", 《Fortune》, 2024.07.25.

37 Emil Persson, The Story of Jensen Huang and NVIDIA, 《Quartr》, 2024.08.30.

38 Jenny Luna, Jensen Huang on How to Use First-Principles Thinking to Drive Decisions, 《Stanford GSB》, 2024.04.25.

39 "Nvidia: An Overnight Success Story 30 Years in the Making", 〈Crucible Moments〉 from Sequoia.

40 "Nvidia: An Overnight Success Story 30 Years in the Making", 〈Crucible Moments〉 from Sequoia.

41 "Jensen Huang on How to Use First-Principles Thinking to Drive Decisions", 〈View from the Top〉 from Stanford Graduate of Business.

42 "Jensen Huang on How to Use First-Principles Thinking to Drive Decisions", 〈View from the Top〉 from Stanford Graduate of Business.

43 "Jensen Huang on How to Use First-Principles Thinking to Drive Decisions", 〈View from the Top〉 from Stanford Graduate of Business.

44 Tom Huddleston Jr., "Nvidia's CEO 'had no idea how to' start his $2 trillion company, and wouldn't do it again: 'Nobody in their right mind would do it'", CNBC, 2024.05.11.

45 Keith Speights, "Here's Why Nvidia CEO Jensen Huang Thinks His Company Is 'Always in Peril'", 《Motley Fool》, 2023.11.14.

46 "Jensen Huang on How to Use First-Principles Thinking to Drive Decisions", 〈View from the Top〉 from Stanford Graduate of Business.

47 "Jensen Huang on How to Use First-Principles Thinking to Drive Decisions", 〈View from the Top〉 from Stanford Graduate of Business.

48 "Nvidia: An Overnight Success Story 30 Years in the Making", 〈Crucible Moments〉 from Sequoia.

49 "Jensen Huang on How to Use First-Principles Thinking to Drive Decisions", 〈View from the Top〉 from Stanford Graduate of Business.

50 "Jensen Huang on How to Use First-Principles Thinking to Drive Decisions", 〈View from the Top〉 from Stanford Graduate of Business.

1 단테 알리기에리 저, 김운찬 역, 『신곡』, 열린책들, 2022년.

2 방영덕, "삼성의 변화 '이 말'에서 시작? … '하이닉스 보면 뭘 해도 잘하고 잘됐던 옛날 우리 모습이'", 《매일경제》, 2024.8.27.

3 Adam Bryant, "I'm Prepared for Adversity. I Waited Tables", 《New York Times》, 2010.06.05.

4 Adam Bryant, "I'm Prepared for Adversity. I Waited Tables", 《New York Times》, 2010.06.05.

5 Adam Bryant, "I'm Prepared for Adversity. I Waited Tables", 《New York Times》, 2010.06.05.

6 Adam Bryant, "I'm Prepared for Adversity. I Waited Tables", 《New York Times》, 2010.06.05.

7 Adam Bryant, "I'm Prepared for Adversity. I Waited Tables", 《New York Times》, 2010.06.05.

8 박민진, 『스티브 잡스처럼 성공하라』, 유페이퍼, 2015년.

9 Andrew Nusca, "This Man Is Leading an AI Revolution in Silicon Valley—And He's Just Getting Started", 《Fortune》, 2017.11.16.

10 Elaine Moore and Michael Acton, "Jensen Huang, Nvidia's 'Napoleon' sees the chip company soar", 《Financial Times》, 2024.06.08.

11 Sawdah Bhaimiya, "Nvidia's CEO was labeled a 'demanding' boss by staff. But experts say you have to be cutthroat", CNBC, 2024.05.13.

12 Elaine Moore and Michael Acton, "Jensen Huang, Nvidia's 'Napoleon' sees the chip company soar", 《Financial Times》, 2024.06.08.

13 Elaine Moore and Michael Acton, "Jensen Huang, Nvidia's 'Napoleon' sees the chip company soar", 《Financial Times》, 2024.06.08.

14 Elaine Moore and Michael Acton, "Jensen Huang, Nvidia's 'Napoleon' sees the chip company soar", 《Financial Times》, 2024.06.08.

15 Sawdah Bhaimiya, "Nvidia's CEO was labeled a 'demanding' boss by staff. But experts say you have to be cutthroat", CNBC, 2024.05.13.

16 Stephen Wit, "How Jensen Huang's Nvidia Is Powering the A.I. Revolution", 《The New Yorker》, 2023.11.27.

17 Lauren Goode, "Nvidia Hardware Is Eating the World", 《Wired》, 2024.02.23.

18 Peter Economy, "17 Jensen Huang Quotes to Inspire Your Creativity and Success", 《Inc.》, 2024.02.23.

19 윌리엄 셰익스피어 저, 여석기 역, 『햄릿』, 문예출판사, 2013년.

20 Jack Kelly, "'I Hope Suffering Happens To You': Nvidia CEO's Case For Hiring For Grit Over Pedigree", 《Forbes》, 2024.04.01.

21 Jack Kelly, "'I Hope Suffering Happens To You': Nvidia CEO's Case For Hiring For Grit Over Pedigree", 《Forbes》, 2024.04.01.

22 유튜브(https://www.youtube.com/watch?v=Sc48ToLIQAY&t=1447s).

23 Jowi Morales, "Jensen Huang tells Caltech grads to pursue 'zero-billion-dollar markets' — hopes to inspire the next big tech leaders", 《Tom's Hardware》, 2024.06.16.

24 Jenny Luna, "Jensen Huang on How to Use First-Principles Thinking to Drive Decisions", 《Stanford GSB》, 2024.04.25.

25 Jowi Morales, "Jensen Huang tells Caltech grads to pursue 'zero-billion-dollar markets'—hopes to inspire the next big tech leaders", 《Tom's Hardware》, 2024.06.16.

26 Jowi Morales, "Jensen Huang tells Caltech grads to pursue 'zero-billion-dollar markets'—hopes to inspire the next big tech leaders", 《Tom's Hardware》, 2024.06.16.

27 Lauren Goode, "Nvidia Hardware Is Eating the World", 《Wired》, 2024.02.23.

28 Kif Leswing, "Ex-Google CEO Eric Schmidt sees Nvidia as big AI winner: 'You know what to do in the stock market'", CNBC, 2024.08.15.

29 Lucas Mearian, "Can Intel's new chips compete with Nvidia in the AI universe?", 《Computer World》, 2024.06.05.

30 Christiaan Hetzner, "Google's ex-CEO isn't licensed to give financial advice, but he thinks you should buy Nvidia", 《Fortune》, 2024.08.16.

31 Julie Coleman, "Palo Alto Networks CEO talks 'platformization' bundling strategy: 'there's no going back'", CNBC, 2024.08.19.

32 Lauren Goode, "Nvidia Hardware Is Eating the World", 《Wired》, 2024.02.23.

33 Lauren Goode, "Nvidia Hardware Is Eating the World", 《Wired》, 2024.02.23.

1 Meghan McCarty Carino, "Nvidia dominates in AI, but others are trying to chip away", 《Marketplace》, 2024.05.24.

2 Mark Tyson, "Jensen Huang says even free AI chips from his competitors can't beat Nvidia's GPUs", 《Tom's Hardware》, 2024.03.11.

3 Mark Tyson, "Jensen Huang says even free AI chips from his competitors can't beat Nvidia's GPUs", 《Tom's Hardware》, 2024.03.11.

4 Mark Tyson, "Jensen Huang says even free AI chips from his competitors can't beat Nvidia's GPUs", 《Tom's Hardware》, 2024.03.11.

5 김혜원, "최태원 '엔비디아, 2~3년 안에는 무너지지 않을 것'", 《국민일보》, 2024.07.19.

6 김혜원, "최태원 '엔비디아, 2~3년 안에는 무너지지 않을 것'", 《국민일보》, 2024.07.19.

7 김혜원, "최태원 '엔비디아, 2~3년 안에는 무너지지 않을 것'", 《국민일보》, 2024.07.19.

8 Sherin Shibu, "In Just 5 Words, Nvidia CEO Jensen Huang Summed Up the Company's AI Chip Dominance Strategy", 《Entrepreneur》, 2024.06.27.

9 Jacob Roach, "Nvidia is the 'GPU cartel,' says former AMD Radeon manager", 《Digital Trends》, 2024.02.28.

10 Adam Eckert, "AI Infrastructure CEO Says Customers Are Showing 'Relentless' Demand For Nvidia Chips And Nvidia Chips Only: 'They Do Not Want The Other Stuff'", 《Benzinga》, 2024.06.17.

11 Diana Goovaerts, "Is Google investing too much in data centers for AI? Its CEO doesn't think so", 《Fierce Network》, 2024.06.24.

12 Stephen Wit, "How Jensen Huang's Nvidia Is Powering the A.I. Revolution", 《The New Yorker》, 2023.11.27.

13 Paul Alcorn, "Intel CEO Pat Gelsinger: I hope to build chips for Lisa Su and AMD", 《Tom's Hardware》, 2024.02.22.

14 Areej Sued, "Will Intel Spin off its Fabs to Make Chips for Rivals AMD, Arm & Nvidia?", 《Hardware Times》, 2024.02.23.

15 Matthew Connatser, "Intel's CEO says Moore's Law is slowing to a three-year cadence, but it's not dead yet", 《Tom's Hardware》, 2023.12.25.

16 Lauren Goode, "Nvidia Hardware Is Eating the World", 《Wired》, 2024.02.23.

17 Chloe Berger, "Jeff Bezos revealed his secret to Amazon's success 25 years ago: 'I asked everyone around here to wake up terrified every morning, their sheets drenched in sweat', 《Fortune》, 2024.05.16.

18 Lauren Goode, "Nvidia Hardware Is Eating the World", 《Wired》, 2024.02.23.

19 Lauren Goode, "Nvidia Hardware Is Eating the World", 《Wired》, 2024.02.23.

20 Mallika Soni, "Nvidia's Jensen Huang shares his daily routine: 'I wake up at 5am, work 7 days a week'", 《Hindustan Times》, 2024.06.10.

21 Lauren Goode, "Nvidia Hardware Is Eating the World", 《Wired》, 2024.02.23.

22 루시 모드 몽고메리 저, 붉은여우 역, 『빨간 머리 앤』, 지식의숲, 2013년.

23 Aron Mok, "Nvidia CEO says he's always worrying about failure", 《Business Insider》, 2023.11.29.

24 Aron Mok, "Nvidia CEO says he's always worrying about failure", 《Business Insider》, 2023.11.29.

25 Aron Mok, "Nvidia CEO says he's always worrying about failure", 《Business Insider》, 2023.11.29.

26 Aron Mok, "Nvidia CEO says he's always worrying about failure", 《Business Insider》, 2023.11.29.

27 윤한주, "'다윈, 프로이트, 뭉크'…불안을 딛고 성공하다!", 《브레인트레이닝》, 2016.01.29.

28 Aron Mok, "Nvidia CEO says he's always worrying about failure", 《Business Insider》, 2023.11.29.

29 Orianna Rosa Royle, "Nvidia CEO Jensen Huang has a no one-on-one meetings rule for his 55 direct reports", 《Fortune》, 2024.06.12.

30 Orianna Rosa Royle, "Nvidia CEO Jensen Huang has a no one-on-one meetings rule for his 55 direct reports", 《Fortune》, 2024.06.12.

31 Orianna Rosa Royle, "Nvidia CEO Jensen Huang has a no one-on-one meetings rule for his 55 direct reports", 《Fortune》, 2024.06.12.

32 Chloe Berger, "Nvidia CEO Jensen Huang doesn't wear a watch. Here's why", 《Fortune》, 2024.05.24.

33 Chloe Berger, "Nvidia CEO Jensen Huang doesn't wear a watch. Here's why", 《Fortune》, 2024.05.24.

34 Alex Koller, "Nvidia's CEO never schedules one-on-one meetings-unless someone specifically asks for it: 'Then I'll drop everything'", CNBC, 2024.06.11.

35 Alex Koller, "Nvidia's CEO never schedules one-on-one meetings-unless someone specifically asks for it: 'Then I'll drop everything'", CNBC, 2024.06.11.

36 Alex Koller, "Nvidia's CEO never schedules one-on-one meetings-unless someone specifically asks for it: 'Then I'll drop everything'", CNBC, 2024.06.11.

37 엔비디아 홈페이지(https://www.nvidia.com/content/timeline/time_99.html).

38 Christopher Harper, "Nvidia CEO Jensen says, 'Our life goal is not to build CUDA GPUs'-notes the company changed its mission but never changed the name", 《Tom's Hardware》, 2023.12.27.

39 Christopher Harper, "Nvidia CEO Jensen says, 'Our life goal is not to build CUDA GPUs'-notes the company changed its mission but never changed the name", 《Tom's Hardware》, 2023.12.27.

40 Fred Voccola, "How To Lead Through Uncertain Times", 《Forbes》, 2024.01.17.

41 Lora Kolodny, "Elon Musk is keeping investors' dreams of a Tesla robotaxi alive", CNBC, 2024.04.24.

42 Catie Bartlett, "Tesla shares close down 8% after report of robotaxi unveiling delay", CNBC, 2024.07.11.

43 Cheng Ting-Fang and Lauly Li, "Jensen Huang hints Nvidia is aiming for new AI chip every year", 《Nikkei Asia》, 2024.06.02.

44 Cheng Ting-Fang and Lauly Li, "Jensen Huang hints Nvidia is aiming for new AI chip every year", 《Nikkei Asia》, 2024.06.02.

45 Ashton Jackson, "A gardener in Japan showed Nvidia's CEO how to prioritize his life and work more effectively: 'It really taught me something'", CNBC, 2024.06.15.

46 Ashton Jackson, "A gardener in Japan showed Nvidia's CEO how to prioritize his life and work more effectively: 'It really taught me something'", CNBC, 2024.06.15.

47 Ashton Jackson, "A gardener in Japan showed Nvidia's CEO how

to prioritize his life and work more effectively: 'It really taught me something'", CNBC, 2024.06.15.

48 David J. Abbott, "How to apply Elon Musk's first principles to strategy", 《Business Daily》, 2023.10.11.

49 "Jensen Huang on How to Use First-Principles Thinking to Drive Decisions", 〈View from the Top〉 from Stanford Graduate of Business.

50 "Jensen Huang on How to Use First-Principles Thinking to Drive Decisions", 〈View from the Top〉 from Stanford Graduate of Business.

51 Kanishka Sarkar, "CEO of $3 trillion AI chip firm doesn't love every day of the job but works from 5 am till going to bed", CNBC TV 18, 2024.06.10.

52 Chris Katje, "Here's How Much NVIDIA Shares Are Up Since CEO Jensen Huang Got A Tattoo Of The Company Logo", 《Benzinga》, 2024.06.10.

53 Chris Katje, "Here's How Much NVIDIA Shares Are Up Since CEO Jensen Huang Got A Tattoo Of The Company Logo", 《Benzinga》, 2024.06.10.

54 Chris Katje, "Here's How Much NVIDIA Shares Are Up Since CEO Jensen Huang Got A Tattoo Of The Company Logo", 《Benzinga》, 2024.06.10.

55 Sebastian Herrera, "Amazon Ends Restaurant Delivery in Face of Fierce Competition", 《Wall Street Journal》, 2019.06.11.

56 Keithen Drury, "Here's the Real Winner From Meta Platforms' Latest Announcement", 《Yahoo Finance》, 2024.05.08.

57 Jing Pan, "'Fail quickly and inexpensively': Nvidia founder and CEO Jensen Huang shares his mantra for success", 《Yahoo Fianance》, 2024.02.27.

58 Jing Pan, "'Fail quickly and inexpensively': Nvidia founder and CEO Jensen Huang shares his mantra for success", 《Yahoo Fianance》, 2024.02.27.

59 Jing Pan, "'Fail quickly and inexpensively': Nvidia founder and CEO Jensen Huang shares his mantra for success", 《Yahoo Fianance》, 2024.02.27.

60 Mark Tyson, "Jensen Huang's Leather Jacket Was His Wife and Daughter's Idea", 《*Tom's Hardware*》, 2023.11.01.

61 Mark Tyson, "Jensen Huang's Leather Jacket Was His Wife and Daughter's Idea", 《*Tom's Hardware*》, 2023.11.01.

62 Mark Tyson, "Jensen Huang's Leather Jacket Was His Wife and Daughter's Idea", 《*Tom's Hardware*》, 2023.11.01.

63 Cheryl Martin, "'Starship for the Mind': University of Florida Opens Malachowsky Hall, an Epicenter for AI and Data Science", NVIDIA Blog, 2023.11.03.

64 Cheryl Martin, "'Starship for the Mind': University of Florida Opens Malachowsky Hall, an Epicenter for AI and Data Science", NVIDIA Blog, 2023.11.03.

65 Keoni Everington, "Nvidia CEO calls Taiwan 'one of the most important countries in the world'", 《*Taiwan News*》, 2024.05.30.

66 Keoni Everington, "Nvidia CEO calls Taiwan 'one of the most important countries in the world'", 《*Taiwan News*》, 2024.05.30.

67 "Nvidia: An Overnight Success Story 30 Years in the Making", 〈Crucible Moments〉 from Sequoia.

68 Eric Johnson, "Full transcript: Benchmark general partner Bill Gurley on Recode Decode", 《*VOX*》, 2016.09.29.

69 Tom Huddleston Jr., "Nvidia's CEO 'had no idea how to' start his $2 trillion company, and wouldn't do it again: 'Nobody in their right mind would do it'", CNBC, 2024.05.11.

70 Tom Huddleston Jr., "Nvidia's CEO 'had no idea how to' start his $2 trillion company, and wouldn't do it again: 'Nobody in their right mind would do it'", CNBC, 2024.05.11.

71 Elaine Moore and Michael Acton, "Jensen Huang, Nvidia's 'Napoleon' sees the chip company soar", 《*Financial Times*》, 2024.06.08.

4장 휴머니티 리더십_"나의 희망과 꿈을 믿는 이들과 함께한다"

1 유수경, "하정우 '배우? 연기보다 인성이 먼저죠'(인터뷰)", 《아시아경제》, 2013.08.29.

2 Rounak Jain, "Jensen Huang's Initial Nvidia Pitch Dubbed 'One Of The

Worst' By Former Boss, Yet Backed By Belief In 'Godfather Of GPU'",
《Benzinga》, 2024.04.30.

3 Anubhav Mukherjee, "Nvidia CEO Jensen Huang says no task is beneath
him: 'Have cleaned more toilets than…'", 《Mint》, 2024.07.07.

4 Anubhav Mukherjee, "Nvidia CEO Jensen Huang says no task is beneath
him: 'Have cleaned more toilets than…'", 《Mint》, 2024.07.07.

5 Pranav Dixit, "'Absolutely the right attitude': Elon Musk lauds Nvidia
CEO after he shares story of how he cleaned toilets", 《Business Today》,
2024.07.02.

6 박민진, 『스티브 잡스처럼 성공하라』, 유페이퍼, 2015년.

7 박민진, 『스티브 잡스처럼 성공하라』, 유페이퍼, 2015년.

8 스트라이프(https://stripe.com/sessions/2024/a-conversation-with-nvidias-
jensen-huang).

9 Orianna Rosa Royle, "Nvidia CEO Jensen Huang has a no one-on-one
meetings rule for his 55 direct reports", 《Fortune》, 2024.06.12.

10 Orianna Rosa Royle, "Nvidia CEO Jensen Huang has a no one-on-one
meetings rule for his 55 direct reports", 《Fortune》, 2024.06.12.

11 Louis Navellier, "The Apple of the Market's Eye Announces Earnings
Next Week… Here's What You Can Expect", 《Investor Place》, 2024.08.23.

12 Louis Goss, "'Nobody in their right mind would do it.' Nvidia CEO
Jensen Huang says he wouldn't start a company if he had a do-over.",
《Market Watch》, 2023.10.22.

13 Louis Goss, "'Nobody in their right mind would do it.' Nvidia CEO
Jensen Huang says he wouldn't start a company if he had a do-over.",
《Market Watch》, 2023.10.22.

14 Monica Chen, "TSMC would not exist without K. T. Li; Nvidia would not
be possible without TSMC", 《DIGITIMES Asia》, 2023.11.10.

15 Paul Mozur and John Liu, "The Chip Titan Whose Life's Work Is at the
Center of a Tech Cold War", 《The New York Times》, 2023.08.04.

16 Monica Chen, "TSMC would not exist without K. T. Li; Nvidia would not
be possible without TSMC", 《DIGITIMES Asia》, 2023.11.10.

17 Monica Chen, "TSMC would not exist without K. T. Li; Nvidia would not
be possible without TSMC", 《DIGITIMES Asia》, 2023.11.10.

18 Paul Mozur and John Liu, "The Chip Titan Whose Life's Work Is at the Center of a Tech Cold War", 《The New York Times》, 2023.08.04.

19 찰스 I. 브룩스·마이클 A. 처치 저, 정명진 역, 『심리학, 생활의 지혜를 발견하다』, 부글북스, 2009년.

20 Alex Cranz, "Here's Jensen Huang signing a woman's chest / Yes, that really happened.", 《The Verge》, 2024.06.05.

21 Lauren Goode, "Nvidia Hardware Is Eating the World", 《Wired》, 2024.02.23.

22 Lauren Goode, "Nvidia Hardware Is Eating the World", 《Wired》, 2024.02.23.

23 허진무, "뮤지컬로 변신한 '맥베스', 신의 운명 대신 인간의 탐욕을 채웠다", 《경향신문》, 2023.12.12.

24 Rick Merritt, "AI Supercomputer to Power $200 Million Oregon State University Innovation Complex", NVIDIA Blog, 2022.10.14.

25 Aron Mok, "Nvidia CEO says he's always worrying about failure", 《Business Insider》, 2023.11.29.

26 Rick Newman, "This company wants you to bring your dog to work", 《Yahoo Finance》, 2016.11.21.

27 Rick Newman, "This company wants you to bring your dog to work", 《Yahoo Finance》, 2016.11.21.

28 Mallika Soni, "Nvidia's Jensen Huang shares his daily routine: 'I wake up at 5am, work 7 days a week'", 《Hindustan Times》, 2024.06.10.

29 Mallika Soni, "Nvidia's Jensen Huang shares his daily routine: 'I wake up at 5am, work 7 days a week'", 《Hindustan Times》, 2024.06.10.

5장 초격차__"AI 열차에 탑승하라"

1 Stephen Wit, "How Jensen Huang's Nvidia Is Powering the A.I. Revolution", 《The New Yorker》, 2023.11.27.

2 Stephen Wit, "How Jensen Huang's Nvidia Is Powering the A.I. Revolution", 《The New Yorker》, 2023.11.27.

3 Stephen Wit, "How Jensen Huang's Nvidia Is Powering the A.I. Revolution", 《The New Yorker》, 2023.11.27.

4 Stephen Wit, "How Jensen Huang's Nvidia Is Powering the A.I. Revolution", 《The New Yorker》, 2023.11.27.

5 Stephen Wit, "How Jensen Huang's Nvidia Is Powering the A.I. Revolution", 《The New Yorker》, 2023.11.27.

6 Andrew Nusca, "This Man Is Leading an AI Revolution in Silicon Valley— And He's Just Getting Started", 《Yahoo Finance》, 2017.11.16.

7 Kevin Stankiewicz, "Jim Cramer says Nvidia CEO Jensen Huang is a bigger visionary than Elon Musk", CNBC, 2024.02.02.

8 Steve Mollman, "Elon Musk warns 'If you need encouragement to start a company, don't do it'", 《Fortune》, 2023.11.23.

9 Christiaan Hetzner, "Elon Musk earns praise from Nvidia co-founder Jensen Huang ahead of shareholder vote on pay package—'Tesla is far ahead in self-driving cars'", 《Yahoo Finance》, 2024.05.27.

10 Christiaan Hetzner, "Elon Musk earns praise from Nvidia co-founder Jensen Huang ahead of shareholder vote on pay package-'Tesla is far ahead in self-driving cars'", 《Yahoo Finance》, 2024.05.27.

11 Steve Mollman, "Elon Musk says AI will create a world 'where no job is needed,' but Nvidia billionaire Jensen Huang couldn't disagree more: 'Humans have a lot of ideas'", 《Fortune》, 2023.07.20.

12 Eric Mack, "Elon Musk: 'We are summoning the demon' with artificial intelligence", 《CNet》, 2014.10.26.

13 Steve Mollman, "Elon Musk says AI will create a world 'where no job is needed,' but Nvidia billionaire Jensen Huang couldn't disagree more: 'Humans have a lot of ideas'", 《Fortune》, 2023.07.20.

14 Steve Mollman, "Elon Musk says AI will create a world 'where no job is needed,' but Nvidia billionaire Jensen Huang couldn't disagree more: 'Humans have a lot of ideas'", 《Fortune》, 2023.07.20.

15 Steve Mollman, "Elon Musk says AI will create a world 'where no job is needed,' but Nvidia billionaire Jensen Huang couldn't disagree more: 'Humans have a lot of ideas'", 《Fortune》, 2023.07.20.

16 Steve Mollman, "Elon Musk warns 'If you need encouragement to start a company, don't do it'", 《Fortune》, 2023.11.23.

17 Lila MacLellan, "Starbucks' board has a shot at success with its new

CEO-if it can manage to control Howard Schultz", 《*Fortune*》, 2024.08.14.

18 배수연, "문로파트너스 '훌륭한 성장주 기업의 특성 6개는…'", 《연합인포맥스》, 2024.07.16.

19 Peter Economy, "17 Jensen Huang Quotes to Inspire Your Creativity and Success", 《*Inc.*》, 2024.02.23.

20 Brandon Vigliarolo, "Mamas, don't let your babies grow up to be coders, Jensen Huang warns", 《*The Register*》, 2024.02.27.

21 Benedict Collins, "Nvidia CEO predicts the death of coding-Jensen Huang says AI will do the work, so kids don't need to learn", 《*Techradar*》, 2024.02.27.

22 Benedict Collins, "Nvidia CEO predicts the death of coding-Jensen Huang says AI will do the work, so kids don't need to learn", 《*Techradar*》, 2024.02.27.

23 Brandon Vigliarolo, "Mamas, don't let your babies grow up to be coders, Jensen Huang warns", 《*The Register*》, 2024.02.27.

24 데즈카 오사무·나오키 우라사와 저, 윤영의 역, 『플루토 1권』, 서울미디어코믹스, 2006년, 29p.

25 Vandana Nair, "'The Next Wave of AI is Physical AI,' says Jensen Huang", 《*Analytics India Magazine*》, 2024.06.06.

26 Meghan Morris, "Nvidia CEO Jensen Huang says robots are the next wave of AI-and 2 kinds will dominate", 《*Business Insider*》, 2024.06.03.

27 Meghan Morris, "Nvidia CEO Jensen Huang says robots are the next wave of AI-and 2 kinds will dominate", 《*Business Insider*》, 2024.06.03.

28 Meghan Morris, "Nvidia CEO Jensen Huang says robots are the next wave of AI-and 2 kinds will dominate", 《*Business Insider*》, 2024.06.03.

29 Stephen Wit, "How Jensen Huang's Nvidia Is Powering the A.I. Revolution", 《*The New Yorker*》, 2023.11.27.

30 세쿼이어캐피털(https://articles.sequoiacap.com/apple-story).

31 George Anders, "Long-Ago Twist Yields Ballmer A Fortune In Microsoft Stock", 《*Forbes*》, 2014.10.01.

32 Anne Hecht, "Every Company's Data Is Their 'Gold Mine,' NVIDIA CEO Says at Databricks Data + AI Summit", NVIDIA Blog, 2024.06.12.

33 Anne Hecht, "Every Company's Data Is Their 'Gold Mine,' NVIDIA CEO

Says at Databricks Data + AI Summit", NVIDIA Blog, 2024.06.12.

34 Anne Hecht, "Get On the Train,' NVIDIA CEO Says at ServiceNow's Knowledge 2024", NVIDIA Blog, 2024.05.08.

35 Theron Mohamed, "AI mania is just 'typical bubble hype' like the crypto craze, says top economist Paul Romer", 《Business Insider》, 2024.05.30.

36 John Naughton, "From boom to burst, the AI bubble is only heading in one direction", 《The Guardian》, 2024.04.13.

맺는 글

1 Jennifer Wang, "World Maker: Nvidia CEO A New Billionaire As Company Thrives On Graphic Chips For Video Games, AI", 《Forbes》, 2016.08.26.

젠슨 황 연보

1963년	대만 타이난에서 출생
1968년	부모와 함께 태국으로 이주
1972년	형과 단둘이 미국 워싱턴주 터코마의 외삼촌 댁 도착
	켄터키주 오나이다 침례교 기숙학교 입학
1981년	미국 오리건주 알로하고등학교 졸업
1984년	미국 오리건주립대학 전기엔지니어링 전공 학사 취득
	AMD 입사
1985년	실리콘밸리의 LSI로직으로 이직
1992년	스탠퍼드대학 전기엔지니어링 전공 석사 취득
1993년	커티스 프리엠, 크리스 말라초스키와 엔비디아 공동 창업
1995년	첫 게임 그래픽카드 'NV1' 개발
	세콰이어캐피털과 시에라벤처스에서 1차 파이낸셜 펀딩 받음
	일본 게임사 세가와 파트너십 체결
1996년	'NV1' 개발 중단
1997년	128비트 다이렉트 3D 프로세서 'RIVA 128(NV3)' 출시, 4개월 만에 100만 개 판매

2017년	《포천》 '올해의 비즈니스맨'에 선정
2018년	새너제이 GPU 기술 콘퍼런스에서 "엔비디아 GPU는 5년간 25배 빨라졌다"라고 발표
2019년	《하버드 비즈니스 리뷰》 '세계 100대 CEO' 1위에 선정
2020년	이스라엘 컴퓨터 네트워킹 공급사 멜라녹스 인수
2021년	《타임》 '세계에서 가장 영향력 있는 인물 100인'에 선정
2022년	데이터센터 전용 '그레이스 CPU' 출시
	데이터센터 전용 GPU 'H100' 출시
2024년	대만 컴퓨텍스 2024에서 차세대 AI 가속기 '블랙웰' 발표
	엔비디아 시총 3조 달러 달성

젠슨 황, 게임의 룰

초판 1쇄 2024년 10월 30일

지은이 | 장상용
펴낸이 | 송영석

주간 | 이혜진
편집장 | 박신애 **기획편집** | 최예은 · 조아혜 · 정엄지
디자인 | 박윤정 · 유보람
마케팅 | 김유종 · 한승민
관리 | 송우석 · 전지연 · 채경민

펴낸곳 | (株)해냄출판사
등록번호 | 제10-229호
등록일자 | 1988년 5월 11일(설립일자 | 1983년 6월 24일)

04042 서울시 마포구 잔다리로 30 해냄빌딩 5 · 6층
대표전화 | 326-1600 **팩스** | 326-1624
홈페이지 | www.hainaim.com

ISBN 979-11-6714-102-6

파본은 본사나 구입하신 서점에서 교환하여 드립니다.